学会快乐

7种重塑自我的简单方法

Happy for No Reason

7 Steps to Being Happy from the Inside Out

[美] 玛萨 · 席莫芙（Marci Shimoff）
卡萝尔 · 克兰（Carol Kline） 著
张轶蓓 译

机械工业出版社
CHINA MACHINE PRESS

本书涵盖了幸福学的最新知识和最新研究、依据快乐人士采访总结而成的实用方法，以及这些快乐人士鼓舞人心的人生经历。本书分为3个部分。第1部分探讨了“快乐无须理由”的范式。第2部分逐步展示了提升快乐水平的方法。第3部分是关于如何做到永远快乐无须理由。本书提出了与以前完全不同的获取快乐的方式，带来了突破性的方法，可以让你持续体验内心深层的快乐。

图书在版编目（CIP）数据

学会快乐：7种重塑自我的简单方法 /（美）玛萨·席莫芙（Marci Shimoff），（美）卡萝尔·克兰（Carol Kline）著；张铁蓓译．—北京：机械工业出版社，2021.11

书名原文：Happy for No Reason：7 Steps to Being Happy from the Inside Out

ISBN 978-7-111-69550-9

Ⅰ.①学…　Ⅱ.①玛…　②卡…　③张…　Ⅲ.①幸福－研究
Ⅳ.① B82

中国版本图书馆CIP数据核字（2021）第230631号

机械工业出版社（北京市百万庄大街22号　邮政编码100037）
策划编辑：坚喜斌　　　责任编辑：坚喜斌　陈　洁
责任校对：黄兴伟　　　责任印制：李　昂
北京联兴盛业印刷股份有限公司印刷

2022年1月第1版第1次印刷
145mm×210mm · 11印张 · 1插页 · 206千字
标准书号：ISBN 978-7-111-69550-9
定价：59.00元

电话服务　　　　　　　　网络服务
客服电话：010-88361066　　机　工　官　网：www.cmpbook.com
　　　　　010-88379833　　机　工　官　博：weibo.com/cmp1952
　　　　　010-68326294　　金　　书　　网：www.golden-book.com
封底无防伪标均为盗版　　机工教育服务网：www.cmpedu.com

谨以此书献给所有曾经想要快乐的人

快乐并非虚无缥缈、遥不可及

此书还献给我的父亲——

我人生中第一个快乐榜样

您的快乐将永存我心中

推荐语

人不能依靠外在条件获得持久的快乐，持久的快乐来自内心。《学会快乐：7种重塑自我的简单方法》以科学研究和真正快乐的人的经历为依据，逐步展示如何提高幸福设定点。

——迈哈迈特·C. 奥兹（Mehmet C. Oz），医学博士、《节食》（*You: On a Diet*）和《永葆青春》（*You: Staying Young*）的合著者

以前我以为快乐是要去获得的。阅读《学会快乐：7种重塑自我的简单方法》让我摆脱了这种旧观念的束缚，令我感到欣喜。

——《平衡》（*Balance*）杂志

受访的快乐人士的个人经历富有启发性，他们支持的原则是合乎情理的和具有常识的。

——《出版人周刊》（*Publishers Weekly*）

玛萨·席莫芙是我认识的令人信服的人之一。我很高兴她在《学会快乐：7种重塑自我的简单方法》这本书中与我们分

享她的智慧。

——玛丽安娜·威廉森（Marianne Williamson），《纽约时报》（*New York Times*）畅销书《发现真爱》（*A Return to Love*）的作者

《学会快乐：7种重塑自我的简单方法》提供了7种可以实践的清晰、有效的方法，让你即刻变得快乐！

——约翰·格雷（John Gray），《纽约时报》畅销书《男人来自火星，女人来自金星》（*Men Are from Mars,Women Are from Venus*）的作者

玛萨·席莫芙的《学会快乐：7种重塑自我的简单方法》是一本实用、易懂、鼓舞人心的好书！这本书从身体、思想、心、精神、个人力量、目标和人际关系等维度为读者提供了创造快乐的有效方法。

——史蒂芬·M.R.柯维（Stephen M.R.Covey），畅销书《信任的速度》（*The Speed of Trust: The One Thing That Changes Everything*）的作者

这本书讲述了实现真正快乐的实用方法，我很喜欢。快乐人士生活中的真实经历感人至深，令人鼓舞。阅读这本书让我更加快乐！

——奥丽维娅·赫西（Olivia Hussey），金球奖最佳女演员

如果你想快乐（有谁不想呢），玛萨·席莫芙已经为你破解了快乐的密码。《学会快乐：7种重塑自我的简单方法》不

是最新的流行心理学潮流的产物，而是以科学研究为基础，揭示真正的持久快乐的书籍。你可以从书中了解如何不受外在条件影响做到真正快乐，这比你想的要简单。这本书不同凡响，必定改变很多人的生活，当然也包括你的生活。

——比尔·哈里斯（Bill Harris），中心点研究院（Centerpointe Research Institute）院长

《学会快乐：7种重塑自我的简单方法》以一种有趣、智慧、深刻的方式探讨了可以改变人生的快乐。玛萨·席莫芙精心创作的这部指南富有创意、目标明确，将带领我们体验快乐。

——查卡·卡恩（Chaka Khan），格莱美奖获奖歌手和词曲作者、作家、慈善家

快乐的一号法则：读这本书！快乐无须理由，因为一切皆源于此。如果你想拥有健康、财富和智慧，请遵循书中提到的快乐习惯，改变你的生活。

——菲尔·汤恩（Phil Town），《纽约时报》畅销书《一号法则》（*Rule #1*）的作者、美国消费者新闻与商业频道主持人

在《学会快乐：7种重塑自我的简单方法》一书中，玛萨·席莫芙分享了新的快乐范式。这个新的快乐范式既植根于古老的智慧，也得到了神经科学和积极心理学领域尖端研究的验证。这本书从头至尾都令我着迷。

——坎迪斯·B. 珀特（Candace B.Pert）博士，拉皮德制药公司（RAPID Pharmaceuticals）科技总监、曾参

演电影《我们到底知道多少》(*What the Bleep Do We Know!?*)、《感觉良好，你需要知道的一切》(*Everything You Need to Know to Feel Good*)的作者

《学会快乐：7种重塑自我的简单方法》是你能够读到的关于快乐的非常重要的一本书！书中揭示了无论怎样都快乐的独特方法。

——雷蒙德·阿伦(Raymond Aaron)，加拿大排名第一的商业与投资顾问

玛萨·席莫芙的这本杰作开创了人类内心平静的新纪元。当我们依照书中颇有见地的指引提高自己的幸福设定点时，我们就会知道对快乐的追寻是始于并止于我们的内心的。玛萨在这本易读、易分享的书中探讨了复杂的话题，作为一名教育者我印象深刻。我很高兴向大家推荐这本书！

——保罗·R. 施利(Paul R. Scheele)，美国学习策略有限公司联合创办人、《天资聪颖》(*Natural Brilliance*)和《影像阅读法》(*Photo Reading*)的作者

《学会快乐：7种重塑自我的简单方法》是一本非常好的指南。这本书告诉人们作为个体如何更快乐以及如何与家人、社群和世界分享快乐。书中包含的智慧和提供的指导十分宝贵，可以让每个人受益良多。

——比尔·马吉(Bill Magee)和凯西·马吉(Kathy Magee)，微笑行动(Operation Smile)首席执行官和总裁、联合创始人

《学会快乐：7种重塑自我的简单方法》提供了消除恐惧、抑郁、焦虑和压力的实用方法，给人们带来了希望。这其中的秘密就是，无论世界上有何事发生，我们每个人都有能力专注快乐。这就是我们的力量和我们健康快乐的能力。这本书很成功。

——克里斯蒂安·诺斯鲁普（Christiane Northrup），医学博士、《女人的身体，女人的智慧》（*Women's Bodies, Women's Wisdom*）和《女性身体的秘密》（*The Wisdom of Menopause*）的作者

这是一本好书，可以带给你绝佳的成效。找到持久的快乐从来没有如此简单明了过。

——芭比·狄波特（Bobbi DePorter），昆腾学习网（Quantum Learning Network）/超级营地（SuperCamp）联合创办人、总裁

《学会快乐：7种重塑自我的简单方法》这本书不但涉及幸福学的研究成果，两位作者还非常聪明地在书中加入了人们日常生活中的经历。

——罗伯特·比斯瓦斯－迪纳（Robert Biswas-Diener），应用积极心理学中心（英国）教育与学习项目主任

如果没有快乐，财富和成功将毫无意义！《学会快乐：7种重塑自我的简单方法》告诉你如何做到无论置身何处都可以快乐。

——伊凡·米斯纳（Ivan Misner）博士，国际商业网络（BNI）董事长、创办人

对于想要体验更多快乐的人而言，《学会快乐：7种重塑自我的简单方法》是本好书。放一本在你的床头！它会告诉你如何做到每天都快乐。

——吉尔·卢布林（Jill Lublin），国际演说家、畅销书作家

《学会快乐：7种重塑自我的简单方法》这本书将改变你对快乐的看法。玛萨·席莫芙有充分的理由与你分享她掌握的关于快乐的知识和拥有的相关智慧。如果你想拥有更多的快乐、平静和幸福，这本书就是你的选择。

——雅科夫·斯米诺夫（Yakov Smirnoff），应用积极心理学大师、喜剧演员

序 言

金钱可以买到快乐——你已经用买这本书的钱买到了快乐！

至少可以说，你已经迈出通向快乐最重要的第一步。我亲爱的朋友和同事玛萨·席莫芙称这种快乐为“无须理由的快乐”。

现在正是关于快乐这个主题的书籍出现的绝佳时机。既然我们多数人的基本生存需求已经得到满足，也获得了一定程度的物质享受，那么我们在生活中就会要求更多。无论是购买一辆好车，度过一个梦想中的假期，获得加薪，还是执教少年棒球联盟，我们想从中得到的都是更深层次的快乐体验。然而，在这方面我们得到的仍然不足。时至今日，我想不出还有什么需求是比真正的快乐更普遍的。

在本书中，玛萨提出了具有突破性的快乐方法。大多数书籍讲的是由外在的事物创造出快乐，而本书讲的是从内在创造快乐——这才是真正重要的。在这本书里，读者可以找到一些简单实用的方法，去体验更深层次、更长久的快乐状态，而且这种深层持久的快乐状态并不依赖外在的条件而存在。

如果你看过《秘密》（*The Secret*，又名《自然法则：吸引定律》）这部电影，你就会知道我和玛萨都对吸引定律深信不疑。吸引定律认为人们有能力将自己深切渴望的东西吸引到生活中来。玛萨在本书中为实践吸引定律提供了至关重要的基础，即维持人们最核心的快乐和幸福的状态。

差不多20年前，在我教授的自尊训练课程上，我第一次见到玛萨。她的活力和即刻学习一切知识的渴望给我留下了深刻的印象。后来，玛萨为我的课程提供协助，并且开设了她自己关于成功和自尊的研讨班。有一天，这个精力旺盛的家伙打电话给我，说她有一个很好的构想，可以写一本名为《心灵鸡汤：女人心语》（*Chicken Soup for the Woman's Soul*）的书。（当时只有很早出版的一本《心灵鸡汤》。）我对玛萨说："想法听起来很不错，但我为什么要你来写呢？"

玛萨和她的商业伙伴詹尼弗·霍桑并没有迟疑，她们回答说："我们俩都是作家，都面对女性观众演说，我们都是女性。"

"好吧，你们的最后一点我无法反驳。"我不得不承认。

那是一次非常成功的合作。自那以后，我和玛萨一直密切合作。决定成立变革型领导力委员会时，我邀请玛萨成为该委员会的创始成员之一，同时也邀请她加入我们的执行委员会。

玛萨是写这本书的最佳人选。从我认识她以来，她一直在追求精神上的成长和快乐最深层的价值。在我看来，她是排头的侦察员，也是组织全队进攻的控球后卫，她会侦察领地前方的区域，然后带着有用的路线图回来。每次玛萨告诉我应该去了解和查证某件事时，我都知道那一定是很好的事。

玛萨一直都有一种独特的才能，可以让深层的精神概念立刻变得浅显易懂。在本书上，她获得了成功。本书将精神深度、顶尖研究和心理学的实用性融合在一起，为我们提供了具有权威性和广泛基础的快乐创造方法。这本书读起来也很有乐趣。从参与“心灵鸡汤”系列丛书的写作的经验中我们知道，要让一本书真的好用，需要加入一些故事，把需要传达的信息和我们的记忆黏合在一起。从人类在山洞里围坐在篝火旁时起，我们的大脑就对故事充满兴趣——这是我们理解世界的方式。而在本书，玛萨和卡萝尔·克兰这两位作者加入了一些令人惊叹和感动的真实故事，经历这些故事的人将书中提及的某些原则应用在生活里，以此确立一种深层且持久的快乐状态。

我称玛萨为妹妹，她追寻生活圆满的秘密，是“最终的理念展现者”。我确信，如果你遵循本书的做法，你也将毕生快乐。

美国知名励志大师、《秘密》重要导师之一

杰克·坎菲尔德（Jack Canfield）

前 言

欢迎来到更快乐的人生！

一辆老旧的平板卡车在通往喜马拉雅山山麓、碎石遍地的土路上颠簸行驶着，我和其他 30 个西方人挤在一起，为了不让飞扬的尘土呛到，我们每个人都用大方巾挡住自己的口鼻。我们要去的是一个偏远的小山村，为那里的村民提供人道主义支持，满足他们在教育、医疗和居住方面的需求。这时的我身体疲倦、脾气暴躁、浑身酸疼。经历了 6 个小时的奔波，卡车停了下来，司机下车后粗暴地将我们的行李从车上拖下来，丢在满是尘土的地上。

司机说："路从这里开始太窄太陡了，卡车开不过去。剩下 1 英里（1 英里 =1609.344 米）的路，你们得步行。"卡车咣当咣当地开走了，我看着自己 91 磅（1 磅 =0.453 千克）重的行李，心里满是恐惧。为什么要带这些多余的东西呢？真可笑。我试着在高低不平的山路上拖着行李往前走，但因为力气不够，一切努力都只是徒劳。黄昏来临，我该怎么办？所有人都在和自己的行李角力，没人能帮我。其他人都成功地向山上开拔，很快就要从我的视线中消失。我坐下来，花了几分钟时间，努力克制自己的惊慌无措，同时心里还想着这里是否会有老虎。

这时，从树林里走出一位身材瘦小、双脚赤裸、满脸皱纹的老妇人。老妇人朝我的方向走来，脸上带着温暖的笑容。她走到我身旁，举起我的行李，放到头顶，仿佛那只是一篮水果。在我看来这真是惊人之举。接着，老妇人往山上走去，同时示意我跟上。

我们一起向山上走去，虽然语言不通，但她眼中闪烁的光芒和身上散发出来的简单的快乐，深深触动了我。我们最终到达山顶，迎接我的是村民们灿烂的笑脸和热情的问候。

接下来的两周，我和村民们并肩工作，帮助他们照料儿童、准备食物、管理医疗。像当地村民一样，我席地而睡，在河里沐浴，喝刚挤的牛奶。令我惊讶的是，我发觉这种极简的生活方式很适合我。我感觉头脑清醒、内心平和、精力充沛。

在当地逗留的日子里，我花了很多时间观察接待我的这些山里人。在这里生活的人们没有电，没有自来水，没有任何物质享受，只有最基本的生活所需。然而，他们却拥有不同寻常的轻松、幽默、随和和友善。他们由内而外地快乐着。

我当然知道他们的快乐不是生活贫困的产物。我在世界各地看见过很多极度贫穷、痛苦郁闷的男女老幼，我也遇到过拥有一切金钱可以买到的闪亮昂贵玩意同时为自己的幸运感到欣喜的人，我还遇到过“金钱买不到快乐”的超级富豪。

这次经历让我更加坚信，快乐不是拥有曾经梦想拥有的一切，也不是简单地否定生活中对物质快乐的需求，快乐是更深刻的东西。我们真正寻求的是发自内心、不依赖于外部环境的快乐，我称之为无须理由的快乐。

与喜马拉雅山上的村民共同度过的时光让我的目标逐渐明了：在不放弃正常生活的情况下，我想要找到一种方法，让我可以享有无须理由的快乐，无论我在做什么，以及身在何处。

* * *

可能你会为了同样的理由拿起本书。如果你是人类，就不能免俗：任何地方的任何人都想快乐。可能你已经很快乐，只是想让快乐的程度再提高一两格；也可能你很不快乐，很想知道身边其他人是如何在生活中发现快乐的。或许，你已经实现了自己的梦，但仍感觉内心空虚，而且外在的一切似乎都无法填满这种空虚。

好消息是，不管起点在哪里，都无妨。不管你现在是何种状况，本书都会告诉你怎样成为更快乐的人。你不需要拥有快乐基因，不需要中大奖，也不需要变成圣人。读完本书，你就会知道如何在余生体验真正可持续的快乐。

心之所求

本书的诞生源于我对快乐的渴望。我渴望的快乐是牢固、真实，与我的存在息息相关的，让我在任何外在环境下都可以获得坚不可摧的成就感，以及感受到极大的喜悦和内心的平和。曾经有人这样活，所以我知道这样的活法是可能的。然而，有很多年，不管我做什么，这样的活法却总是求而不得。

读完第1章里我的故事，你会知道起初我并不是快乐的人。我对快乐的追寻从十几岁开始，从起初的个人追求，变成后来的专业探索，持续时间超过35载，在此过程中的惊人发现，最终集结在本书里。在探寻快乐的这段岁月中，我参加了世上几乎所有的教人转变的研讨班。多年来，我研究、教授成功法则，并应用这些成功法则取得了不小的成功。我有很多快乐的理由：我曾是《纽约时报》位列榜首的畅销书作家，我曾在美国获得励志演说家殊荣，我曾影响过无数人的人生。"因……而快乐"意味着什么，我再熟悉不过。但问题是，这些快乐的理由都没有带给我想要的快乐。

环顾身边，我发现我认识的最快乐的人并不是最成功、最有名气的人。他们之中有些已婚，有些单身，有些拥有很多财富，有些身无分文，有些甚至饱受健康问题困扰。在我看来，快乐似乎并没有什么逻辑或道理可言。于是，这样一个问题便产生了：一个人的快乐真的可以无须理由吗？

我必须得找出答案。

研究快乐

为了找到答案，我开始积极投身幸福学研究。我采访了数十名专家，探索并研究积极心理学。积极心理学是新兴领域，研究的是积极人格特质，即让人们享有有意义、充实和幸福生活的人格特质。我像海绵一样吸收积极心理学的研究成果，发现了很多珍宝，这些珍宝是那么迷人而令人惊叹，它们改变了我的生活，也终将改变你的生活。我的第一个重要发现是，科学家已经证实，我们每个人都有一个“幸福设定点”（happiness set-point），即保持某一快乐水平的遗传和习得倾向，类似于暖炉上的温度调节器。幸运的是，我们这种并非生来就乐观开朗的人，可以改变自己的幸福设定点。我会在第 1 章进一步说明这个问题，也会在不同章节布置具体的提高幸福设定点的练习。

此外，我还发现，阻碍我们快乐的两大障碍——恐惧和焦虑，是我们与生俱来的一部分，也是几千年来人类得以幸存的保障。然而，在当今世界，这两个与生俱来的本能已经变得弊大于利。在接下来的章节里，你将找到切断这个内在警报系统的方法，让自己过得更快乐。

诸如此类的研究发现令我激动异常，不过我还想了解更多。在研究成功学的日子里，我发觉成功都有迹可循。我们可以了解成功人士的人生，学习如何让自己成功。我认为快乐亦是如此，所以决心采访 100 个真正快乐的人。

快乐百人

事实证明，即使是在一个有约 3.3 亿人口的国家，要找到

100 个真正快乐的人也并非易事。我从阅读中获悉，美国流行不快乐，每 5 名美国女性中就有 1 名在服用抗抑郁药物，每年有 600 万名美国男性开始服用抗抑郁药。即便如此，当我亲身经历时，还是大为惊骇。当我问人们“你知道的最快乐的人是谁”这个问题时，他们都要停下来思考。无一例外地，他们说出的第一个人都是极其成功的人。之后他们会说：“等一等，他（她）不是真的快乐。”很多人想不出谁是真正快乐的人。我没有因此放弃寻找，最终，我找到了 100 多个非常快乐的人作为我的采访对象。我称这些人为“快乐百人”，他们有男有女、有老有少，背景各不相同。他们的故事令人惊叹，也发人深省。他们让我大开眼界，认识了全新的生活方式。除了采访，我还在自己的网站上发布了一个小调查，调查里只有一个问题：“要做到快乐无须理由，你认为最重要的、必须经历的是什么？”回复颇具启发性。

我的想法是正确的。和成功一样，快乐也是有迹可循的。从采访和调查中我获得了明确证据，这些证据表明快乐的人与不快乐的人的生活方式不同。我发现了快乐的人共有的 21 个习惯，将之称为“快乐习惯”（happy habits）。每个人都可以遵循这些快乐习惯，轻松有效地获得深层且持久的快乐体验。

之后，我意外地获得了非常重要的一项发现，即“快乐无须理由”。这一发现让本书从众多同类书中脱颖而出。其他幸福学专家会鼓励你发现生活中令你感到快乐的事，然后多做这些事。这种做法并无不妥，但却不能带给你真正的、持久的快乐。本书提出了一个完全不同的获取快乐的方式，带来了突破性的方法，可以让你持续体验内心深层的快乐。这是一种存在于你内心深处的快乐，一种没有道理可以解释、长存的快乐。

我对幸福学的研究和我的个人经历让我坚信，要做到快乐无须理由是完全可行的。今天，我们更加了解世上的万事万物。我们利用科技探索生活的方方面面，从我们的身体到银河系的构成，最终我们也将利用科技探究快乐。过去 20 年，积极心理学领域的科学家取得了巨大进展，他们发现了幸福设定点，发现了快乐神经递质，甚至还发现了掌管幸福感的大脑区域。有史以来第一次，我们知道快乐不是抽象的感受，而是一种可以测量的生理状态，是我们日常生活中更常体验的生理状态。

我的诸多发现太不寻常，我渴望与人分享，而且多多益善。于是，我决定写这本书，并且相约交往超过 25 年的密友卡萝尔·克兰与我合著。卡萝尔是一名作家，和我一样，她对快乐这一话题充满热忱。她可以洞悉我的一切，是与我共同开启这段旅程最理想的伙伴。我们有幸花费数千小时做研究、与专家倾谈、聆听快乐人士的故事，最终写成本书。本书涵盖了幸福学的最新知识和最新研究、依据快乐人士采访总结而成的实用方法，以及这些快乐人士鼓舞人心的人生经历。

本书内容

本书分为3个部分。第1部分探讨“快乐无须理由”的范式。只要理解什么是无须理由的快乐，就可以改变生活中体验快乐的方式。这部分有一张无须理由的快乐调查表。依照这个调查表，你可以评估、了解自己目前的快乐水平。在这部分你还可以学习3个指导原则，帮助自己跨越让人不快乐的常见障碍，加快提升快乐水平的速度。最后，我将分享利用吸引定律让自己更快乐的经验。我很荣幸参演过《秘密》这部以吸引定律为核心的影片。我非常明白吸引定律在改变生活方面的强大威力。

第2部分为实操部分，展示提升快乐水平的方法。通过研究，我发现要做到快乐无须理由，有7个具体步骤。我希望这7个步骤方便记忆，又因为“家”常常隐喻生活，所以决定用“筑造快乐家园”这个简单易记的类比来呈现这7个步骤。筑造快乐家园的7个步骤对应了生活的7个主要方面，即个人力量、思想、心、身体、精神、目标和人际关系。

这种整体化的处理方式至关重要。很多幸福学方面的书籍只专注于思想层面，但如果不去管其他方面的行为习惯，是没有办法体验真正的快乐的。以下是第2部分每一章所涉及步骤的概览：

1. 快乐家园的基石——掌握自己的快乐

2. 快乐家园的思想支柱——不要全盘相信自己的想法

3. 快乐家园的心支柱——让爱引领

4. 快乐家园的身体支柱——让细胞快乐起来

5. 快乐家园的精神支柱——与内在的自我连接

6. 快乐家园的屋顶——让目标感召生活

7. 快乐家园的花园——培养滋养型人际关系

每一个步骤都附带相应的练习。这些练习都是根据提高幸福设定点方面的最新研究和发现以及励志故事设计而成的。

身为《心灵鸡汤：女人心语》的作者之一，我在阅读两万多个投稿故事时曾深受感动。《心灵鸡汤：女人心语》出版后，数百万读者的强烈回响证实了一点，即真实的过往经历可以让人们敞开心扉，对人们产生深刻的影响。正因如此，我决定在本书里加入一些快乐百人具有启发性的故事，以第一人称视角讲述快乐百人转变的经历。从采访的100位真正快乐的人中，我挑选了他们中典型的故事，这些故事可以清楚地说明何为快乐无须理由。

在本书里，你将读到形形色色的人物的不平凡的故事。故事的主人公包括牧师、畅销电影制片人、著名女演员，也包括医生、护士、教师和公司经理，当然还有母亲。你会遇到扎伊纳布。扎伊纳布曾经生活在萨达姆·侯赛因的统治之下，她把自己的记忆和快乐锁进盒子里，深深地埋藏在心底。你还会遇到珍妮特。珍妮特曾经过着无聊的生活，做着没有出路的工作，直到她找到简单而深刻的快乐之路。你会看到盖伊的故事。盖伊发现自我滋养的关键所在之后，减重 100 多磅（1 磅 =0.453 千克），赢得了梦想的生活。这些故事表明，通往快乐的道路有很多，不管从哪里启程，都有能力到达快乐的彼岸。

第 3 部分是关于如何做到永远快乐无须理由。不要再等待必然来临的事情发生，不要再想快乐会持续多久。本书的这部分会给你明确的指引，教你如何每日践行快乐习惯，找到可以让你余生都快乐无须理由的方法。

* * *

做到快乐无须理由可能不是一朝一夕的事，但是据我对一些实例的观察，这件事是可以实现的。憧憬它的存在，知晓实现步骤，可以让你踏上完成人生转变的快车道。我知道这是可行的，因为我和成千上万的人已经经历过。我自己应用过书中提到的工具和技巧，也在我的客户身上应用过。虽然很长一段时间我都不快乐，但在快乐的刻度尺上，我已经从 D+ 上升到了 A–。时至今日，如果人生的小船颠簸摇摆，我可以让它恢复平稳，不再倾覆。我仍在途中，既是学习者，也是老师，但我的切身经历证明，不管起点在哪里，这些步骤可以让你即刻踏入正轨。相信我，我做得到，你也做得到。

我由衷地祝愿和期盼，本书可以带领你筑造内心深处坚不可摧的快乐家园，从这个牢固、安宁的快乐家园出发，你可以在这世上创造更多的快乐。

目 录

第2部分　构筑内心的快乐家园

第3章 快乐家园的基石——掌握自己的快乐

第4章 快乐家园的思想支柱——不要全盘相信自己的想法

第8章 快乐家园的屋顶——让目标感召生活

第9章 快乐家园的花园——培养滋养型人际关系

第 3 部分 此后永远快乐

第 10 章 快乐无须理由的人生计划

01

第1部分 快乐常在

我拥有的快乐不是这个世界给予的，这个世界也带不走它。

——雪莉·恺撒（Shirley Caesar），福音歌手

第 1 章

快乐无须理由……真的吗？

快乐是人生的意义和目的，是人类存在的目标和终点。

——亚里士多德

多年前，我在一次成功学研讨班上担任讲师，我请每位学员拿出一张纸，在上面写下 100 件事：自己最想成为的样子，最想做的事，最想拥有的东西，等等。学员们在纸上画出三栏，列出了各自或大或小的梦想。在之后的分享环节，毫无例外地，大家表现得群情激昂，他们的梦想包括去大堡礁潜水、拥有奔驰 SL600 敞篷跑车（乳白色，钛银合金轮毂）、在白宫跳舞、驾驶小型飞机环游世界、成为行业顶尖人物、让世上不再有饥饿、维护世界和平、成为《时代》杂志封面人物。

虽然也有几个人在清单某处写着“成为快乐的人”，但人们对快乐的忽视还是让我感到意外。整页纸上的内容都应该是关于快乐的，不是吗？成为这样的人，做这些事，拥有这些东西，就等于快乐吗？

回过头看，我逐渐意识到，这些清单是绕远路的极佳例证。不管这些梦想多么美好和高远，它们都不是我们最终想要的。开门见山地说，我们真正想要的是快乐。

事实上，快乐太过吸引人，太让人难以抗拒，不管你是否意识到这一点，你所做的每一件事，其目的都是让自己快乐。快乐曾经被称为人类生存的目标和生活的要义。亚里士多德称它为一切行为的终极目标。

世界各地的研究显示，当人们被要求对想在生活中得到的东西进行排序时，排在第一位的便是渴望快乐。人们对快乐的渴望要优先于财富、地位、好工作、名望和性，不同文化、民族、宗教、年龄和生活方式的人皆是如此。研究还证明了快乐的重要性：快乐的人更长寿、更健康、人际关系更和谐。事实上，快乐让人们在生活的方方面面都更成功。

可惜很多人没有体验到太多持久的、真正的快乐。看看下面这些让人遗憾的数字吧：

- 只有不到 30% 的人称自己很快乐。
- 25% 的美国人和 27% 的欧洲人称自己感到沮丧。
- 世界卫生组织预测，抑郁症将成为仅次于心脏病的一大疾病。

我们的生活方式好于以前，但我们却没有以前快乐，似乎我们拥有的物品和商品越多，我们的感受越差。

在这里，我不打算直接告诉你如何赚更多钱、获得更多成功，或者如何改善人际关系，我把这些问题留给那些教人转变的朋友和同事，他们在这方面做得相当出色。我要做的是告诉你曾经我最想知道的那些事情。过去35年我研究的问题将在本书中得到解答，这个问题对我而言是最重要的，我相信对你来说也是最重要的，这个问题就是怎样才能真正快乐。虽然我的大半生都专注于这个问题，但很长时间我都没有找到答案。事实上，大部分时候我都搞错了方向。

一个对境况不满的人

小时候我曾经想象自己长大后住在漂亮的房子里，拥有理想的丈夫和成功的事业，还拥有完美的身材和精彩的生活。我是快乐的！

要过上梦想中的这种生活，我知道自己必须努力做好充分准备。尽管我很清楚自己想要什么，但我不是很确定要怎样得到自己想要的。我唯一清楚的是我不快乐。我从出生时就有存在焦虑。五岁的我忧心忡忡，别的孩子还在看《游戏屋》（*Romper Room*），我却在担心世界的现状。七岁时我追问父母关于上帝和灵性的问题，并且我因为他们回答不出这些问题而感到沮丧。翻看家庭影集时，我发现哥哥和姐姐面对镜头总是笑容灿烂，而我看起来总像失去了最好的朋友。

虽然我不是天性快乐的人，但我内心深处知道，我不一定要做不快乐的人。我仿佛有一根天线，可以接收到我最需要学习的任何事物。十一岁时我涂着厚厚的防晒霜潜入姐姐的房间，想偷一本书边晒太阳边看。因为我的阅读速度一向很慢，我抓起最薄的一本，然后跑出屋外。这本书是赫尔曼·黑塞的中篇小说《悉达多》（*Siddhartha*），讲述的是几千年前一个古印度青年寻道的故事。书读到一半，我已经泪流满面。我意识到我不是孤身一人，这个星球上还有其他人理解我的探寻，和我一样渴望快乐。这本书让我踏上了寻找之路。

其他女孩在为啦啦队选拔赛完善鹿跳动作时，我在上自我发展课程。十三岁时我听到了齐格·齐格勒的演讲。齐格勒是我人生里遇到的第一位励志演说家，看着他在台上走来走去，揭示成功的秘密，讲述令我兴奋的故事，我突然意识到我想当一名职业演说家。20 世纪 70 年代初，对一个十几岁的女孩来说，职业演说家是一个陌生的职业。即便如此，我还是想象自己在世界各地面向众多观众演讲，激励人们改变生活，让生活变得更美好。虽然我父亲是一名牙医，父母希望我成为一名洁牙师，但他们非常支持我。我的妈妈说：“你确实挺能说，靠这个赚钱倒也无妨。”

我把“神探南茜”（*Nancy Brew*）系列悬疑小说搬到一边，腾出位置放我能找到的所有人本主义心理学书籍，如饥似渴地阅读。十六岁时我开始每天冥想，二十岁时我成为一名冥想导师。虽然冥想给我的生活带来了深刻的影响，但我还在继续寻找快乐。

时间一天天过去，但我从未忘记成为职业演说家的目标。我埋首于成功学法则，努力将每一条付诸实践。我拿出收入的一部分，将自己的目标可视化。利用愿景板（vision board）在脑海中构想这些目标，我发现自己拥有显化愿望的天分。举个例子，获得工商管理硕士学位后，我给自己找了一份极好的工作。这份工作是在一家销售奥地利水晶的公司担任营销副总裁，该工作包含了我一直以来对职业的诸多渴望。身为营销副总裁，我的职责是培训和激励员工。我爱这份工作！我将自己的所学倾囊相授，包括吸引定律的原则、明确自己想要什么，以及知道如何利用直觉、克服障碍、实现目标。

此后，我还担任过《财富》世界500强公司和一家美国全国性研修教育公司的培训师，讲授同样的成功学原则，在全国各地面向大批女性观众发表演说。每个新岗位都带给我更丰厚的薪资和更高的名望。然而，我并不开心。我知道还缺少一些东西，只是我说不清缺少什么。

我想我缺少的可能是自己的主题。于是，我不再教授成功学，开始在女性研讨班上讲自尊。美国自尊研究方面的顶级专家、超级畅销系列丛书“心灵鸡汤”的开创者杰克·坎菲尔德成为我的导师。很快，我每天都要给两三百名女性观众做自我价值感方面的主题演讲。我穿着高跟鞋，从早上7点一直讲到傍晚时分，接着驱车3个小时匆忙赶到下一个城市，日复一日。这样的生活让人筋疲力尽，但也让我振奋。我喜欢站在观众面前，看着他们脸上突然露出喜色。然而，我感觉这还不够，我希望让更多人听到我的声音。

接下来，我迎来了自己的重大突破。事情的开端是我决定要好好照顾自己。因为四处奔波，我已积劳成疾，于是报名参加了一个为期七天的静修活动。这对我这种爱讲话的人来说是个不小的挑战。在第四天冥想做到一半时，我的脑中突然灵光一闪，一个标题出现：《心灵鸡汤：女人心语》（*Chicken Soup for the Woman's Soul*）。此时，最早的《心灵鸡汤》已经出版，我知道我脑海中闪现的这个想法会是巨大的成功。我很兴奋，我刚刚获得了职业上的顿悟。唯一困难的是，我还要再过三天不能言语的日子。静修结束的那一刻，我冲到最近的一部公用电话旁打电话给杰克·坝菲尔德。一年半后，《心灵鸡汤：女人心语》成为《纽约时报》排名第一的畅销书。此后，我又参与了另外五本《心灵鸡汤》的创作，时至今日，这些书的销售量已经超过了1300万册。

我出现在电视和广播节目里，面对无数观众和听众发表演说，享受女王般的待遇，过着快节奏的成功生活。有一次我乘坐白色加长豪华轿车出席会议，面对8000名观众讲话。在三天的会期中，数千名女性围绕会议中心排着队等我在书上签名。

我一本书接着一本书不停地签名，按摩师每小时都要帮我按摩一次手。想要签名书的人太多，要从全国各地空运过来才能满足需求。很多排队签名的女性告诉我，我的书改变了甚至拯救了她们的人生。我被她们的经历深深感动，能做一些产生影响的事让我感到开心。但是，每天晚上回到宾馆房间倒在床上，我都感到心力交瘁、兴味索然。

你可能以为我已经达到巅峰，但事实并非如此。不可否认，我的自我价值感得到了提升，但和所有人一样，我有着同样的担忧、紧张、抱怨和不如意。我为自己在成功路上取得的每一个成绩感到兴奋，但是我也发现这种兴奋的感觉并不持久。我为生活里的事情感到开心，但却不是真正的开心。

是的，我知道这话听起来是什么感觉。你一定在想，有什么可抱怨的。好吧，我也耐着性子看完了不少集《好莱坞的真实故事》（*E! True Hollywood Story*），对里面讲述的名利双收的娱乐圈名人催人泪下的故事非常不屑。"哎呀，拜托，"我对自己说，"如果我处在他们的境地，我会开心到飞起。"如今我体验到了同样的生活，但我渴望的快乐并没有出现。我遇到了名人，发现他们很多人也不快乐。

可能问题不是出在我的事业上，而是出在我的爱情生活上。我对自己说，如果我找到了适合的伴侣，我就会快乐。应对这个挑战时，我展现了追求事业成功时同样专注的态度。我满怀热情地与人约会，经历了几段亲密但没有修成正果的恋爱关系。之后的某个周末，我在纽约州北部一个大型静修中心参加研讨班，在停车场我和我的白马王子经朋友介绍相识了。还没有打招呼，他就搂着我，带我跳起了华尔兹舞，他凭着欧洲人的天资让我对他一见倾心。他叫塞尔吉奥，是意大利人。和多数恋爱一样，我和塞尔吉奥的恋爱也有起有落，但最终我们安定下来，一起买了一栋漂亮的房子，搬进去同住。

我终于拥有了曾经想象的人生：房子、伴侣、事业和精彩的生活。虽然我没有哈莉·贝瑞的身材，不过总体来说也不错。然而，我脑海中不断涌现的不满想法还是无法驱散，我心中留下的磨人的痛苦还是无法避开。

我意识到我有一个很严重的问题。我无法继续完成任何可以让我快乐的思考。到那一刻，我的人生证明我使用的寻求快乐的方法无效。我已无路可走。有些事必须改变。

我不得不承认一个可怕的事实：我仍然感到空虚。我完全有理由快乐，但是我并不快乐。

回过头看，事情一目了然，但因为很长时间以来我一直相信快乐源自我所拥有、实现或经历的一切，所以最终弄明白这件事使我花了好长一段时间。或许，快乐并非来自我曾经认为的那些理由。或许，快乐根本没有任何理由。

* * *

从这个时候起，我开始关注快乐无须理由这个理念，也开始应用我在研究和采访中发现的那些原则。因为这样做，我个人的快乐指数出现了飞跃式的提高。我的内心感受到了更强烈的踏实感和幸福感。我不知不觉地整日哼唱歌曲，也越发欣赏周遭的人。大概五年前，朋友们开始叫我“欢乐兔”，我知道我是真的进步了。我欣喜若狂，仿佛得到了诺贝尔奖。

在我的众多发现中，有一样尤为突出，这个发现彻底改变了我快乐的方式，解释了很多年来我无法掌握真正快乐的原因。

为什么一些人比其他人快乐

如果咱们坐在街边咖啡馆一起喝茶，我问你“你快乐吗”，你会如何回答?

可能只有几个人会回答：“当然啊，不可能比现在更快乐了！”没错，会这样回答的人寥寥无几。

很多人可能会回答：“有时候快乐吧。”

我敢保证，至少有一半的人会说：“不算快乐。”

有些人不管发生什么事都能享受生活的乐趣，可是其他人不管多努力也找不到快乐。我们大多数人处于这两者之间。

存在这种差异的原因就在于我之前提到的“幸福设定点”。研究人员发现，无论生活中发生何事，人的幸福感往往都会回归到某个固定的区间值。就像体重设定点让你的体重在某一数值处上下波动，如果不尽力改变，幸福设定点会一直保持在同一水平上。

很多人认为彩票中大奖是通往快乐国度的通途。然而，一项著名的研究通过对彩票中奖的人进行跟踪后发现，中奖后一年内，这些幸运儿的快乐感就回到了与获得意外之财以前大致相同的水平。令人意外的是，在截瘫患者身上也有同样的发现。瘫痪一年左右，患者的快乐感回到了最初的水平。

无论经历如何，是喜是悲，人们的幸福感都会回到幸福设定点。进一步的研究显示，只有失去配偶、长期失业、极度贫困这三种情况例外。其中，失去配偶需要更长时间恢复。

“检查结果显示你有过度活跃的坏脾气基因。”

好吧，也许你在想，如果一个人的幸福水平是“设定”好的，那是怎样“设定”的呢？美国明尼苏达大学科学家戴维·莱肯博士也有过同样的疑问。为了确定人的幸福感分别有多少是由先天和后天决定的，莱肯及其团队在20世纪80年代末开始对数千对双胞胎进行研究，其中包括不少分开养育的同卵双胞胎。经过大量试验，他们发现，我们的幸福感有约50%由基因决定，另外约50%是后天习得的。你时常开心快乐或不断感到沉闷乏味，有一半是因为天生如此，另一半是由你在各种人生经历中形成的思想、情感和信念决定的。

在最近一篇关于幸福学的文献和研究文章里，积极心理学研究人员索尼娅·柳博米尔斯基、肯农·谢尔登和戴维·施卡德证实了莱肯博士早先的研究结果，即我们的幸福感有50%取决于我们的基因。但更令人兴奋的是他们关于另50%的新发现。看起来，我们的幸福感只有10%取决于财富水平、物质状况和从事的工作等外在条件，其他40%取决于我们的惯性思维、情感、语言和行为。正因如此，我们才有可能提高幸福设定点。正如在寒冷的日子我们会调高温度调节器让自己感到舒适，我们也有能力重新编程，把幸福设定点设置得更高，获得更多的平静和安乐。

发现幸福设定点、认识到我们有能力改变幸福设定点，颠覆了我们所有关于快乐的信念。我们终其一生寻找快乐、渴求快乐，我们努力追求财富、美貌、和睦的关系、成功的事业等我们确信可以让我们快乐的事物，但真相却是，要想真正快乐，我们只需要提高我们的幸福设定点。

在我花费大量的时间和精力去寻找快乐的理由之前，我如果知道我是那种幸福设定点不高的人该有多好。在对快乐百人的采访中，我开始明白真正快乐的人的快乐不需要理由。

让我们看看以下现象吧。

快乐的连续体

不管因何快乐，快乐都只是另一种形式的痛苦。

——《奥义书》

一天，我坐下来汇总我的研究结果，惊喜地发现所有拼图已就位，原来快乐是一个连续体。

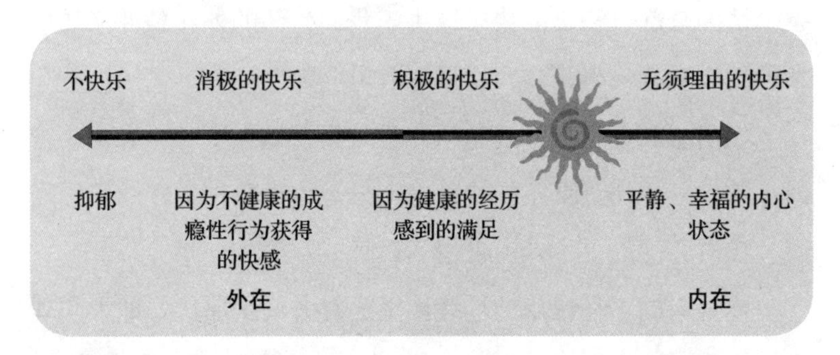

不快乐：人人都知道不快乐的意思，即失望或沮丧。不快乐的表现有焦虑、疲惫、情绪低落或消沉等，这是普通的不快乐，与临床上的抑郁不同。临床抑郁症的主要特点是患者有严重的绝望感，这种绝望感已经影响患者正常生活，需要专业的帮助。

消极的快乐：人们不快乐时，为了让自己好过一些，常常纵容自己的成瘾性行为或让人当下感觉良好但最终对人造成危害的行为。譬如，人们会试图从酒精、纵欲、“购物疗法”、嗜赌成性、暴饮暴食、过度看电视中寻求快感。这类快乐几乎算不上快乐，只能说是一种临时的方法，通过短暂的愉悦体验让人麻木或逃避不快乐。

积极的快乐：这类快乐是人们通常意义上的快乐，如与家人和朋友关系和睦、事业成功、经济有保障、有好房好车、能尽情施展才华。这是一种因为拥有生活中想要拥有的积极有益的事物而获得的快乐。

不要误会，我百分之百赞成这类积极的快乐，只不过这不是事情的全部。积极的快乐取决于我们生活的外在条件。如果条件发生变化或者消失，快乐通常也会随之消失。

在内心深处，你知道生活并不是为了勉强度日、麻木痛苦或“掌控”一切。真正的快乐也不只是收集各种各样的快乐经历。在内心深处，你知道事情不仅于此。

你是对的，在快乐的连续体里还有另一个层次，即无须理由的快乐。

无须理由的快乐：这种快乐是真正的快乐，不依赖外在条件，是一种平静、安乐的神经生理状态。

无须理由的快乐不是兴高采烈、欣喜若狂、情绪高涨或短暂的高峰体验，不是一天 24 小时、一周 7 天像傻瓜一样咧着嘴笑，也不是体验表面的快感。无须理由的快乐不是一种情绪。事实上，当你拥有无须理由的快乐时，你可以有任何情绪，包括悲伤、恐惧、愤怒或痛苦，同时仍然感受到内在的平静与安乐。

当你拥有无须理由的快乐时，你把快乐的感觉带进外在的经历，而不是设法从外在的经历中获得快乐。你不需要操纵周围的世界让自己快乐，你因快乐而生，而不是为了快乐而活。快乐无须理由是一个革命性的观念。我们大多数人关注的是积极的快乐，为了创造快乐生活，尽可能多地串起快乐经历，就像串项链一样。我们不得不花很多时间和精力，努力去发现适合的珠子，串起一条“快乐项链”。在项链类比中，快乐无须理由就像是一根串起珠子的快乐之绳。不管我们在绳上串什么样的珠子，好的、坏的或不好不坏的，我们内心体验的都是快乐，创造的都是快乐人生。而我们的内心体验就是穿过珠子的那根快乐之绳。

当你拥有无须理由的快乐时，这种快乐是无条件的。这里并不是说你的人生看起来一直很完美，而是不管人生看起来如何，你都感到快乐。

13世纪诗人鲁米曾经说过:“快乐，不是因为经历了什么；温暖，并不来自炉火或热水浴；光明，是我标尺的零点。”每次让快乐百人描述无须理由的快乐有哪些特质时，我都一次又一次得到相同的答案:

- 有轻松感或愉快感。

- 感到活力四射、精力充沛。
- 感受到心流[㊀]和豁达。
- 爱自己和他人，同情自己和他人。
- 对人生和目标充满热情。
- 有感恩之心和宽仁之心。
- 与世无争。
- 完全活在当下。

你有多高兴

下面的无须理由的快乐调查表可以让你大致了解此刻你有多快乐。你以前可能填写过调查表，但也许从未发觉这些调查表通常都属于状态依赖型，换言之，这些调查表会要求你根据当下的生活状况（例如：工作、事业、人际关系状况等）和你对生活境况的满意度，给自己的快乐程度评分。这些调查表测量的是积极快乐。下面这张调查表不同，它测量的是无须理由的快乐。

无须理由的快乐调查表效仿了多维人格调查表中的幸福感量表。多维人格调查表是美国明尼苏达大学奥克·特立根教授为帮助研究人员确定幸福设定点编制的测量工具。回答调查表中的问题时，请你根据自身情况，选出相应等级。

㊀ Flow 是积极心理学里的概念，一般翻译为“心流”或“福流”，但也有人译为“沉浸”。——译者注

无须理由的快乐调查表

按 1~5 级对下列陈述做出评价：

1= 完全不符合

2= 有点符合

3= 一般符合

4= 非常符合

5= 完全符合

1. 我经常感到快乐和满足，没有特别原因。

   1　　2　　3　　4　　5

2. 我活在当下。

   1　　2　　3　　4　　5

3. 我感到活力四射、精力充沛。

   1　　2　　3　　4　　5

4. 我深感内心平静和安乐。

   1　　2　　3　　4　　5

5. 对我而言，人生是一场大冒险。

   1　　2　　3　　4　　5

6. 我不会因为糟糕的情况让自己情绪低落。

   1　　2　　3　　4　　5

7. 我热衷于自己所做之事。

   1　　2　　3　　4　　5

8. 多数时候我会笑或感到快乐。

1 2 3 4 5

9. 我相信世界是友好的。

1 2 3 4 5

10. 我会在每个经历中寻找收获或吸取教训。

1 2 3 4 5

11. 我能做到放手和原谅。

1 2 3 4 5

12. 我爱自己。

1 2 3 4 5

13. 我会看到每个人身上的优点。

1 2 3 4 5

14. 我改变自己可以改变的，接受自己不能改变的。

1 2 3 4 5

15. 我会让身边都是支持我的人。

1 2 3 4 5

16. 我不指责或抱怨他人。

1 2 3 4 5

17. 我的消极思想不会让我蒙上阴影。

1 2 3 4 5

18. 我有感恩之心。

1 2 3 4 5

19. 我感觉连接到了比自己更强大的存在。

1 2 3 4 5

20. 我感到自己被生活中的目标感所启发。

1 2 3 4 5

得分说明:

如果得分是80~100分，说明你在很大程度上能做到快乐无须理由。

如果得分是60~79分，说明你有很多无须理由的快乐。

如果得分是40~59分，说明你能体验短暂的无须理由的快乐。

如果得分低于40分，说明你几乎没有无须理由的快乐。

不管得分多少，你始终可以向更多无须理由的快乐迈进。如前文所述，无论起点在哪里，重要的是迈出第一步。当你读完本书，开始实践7个步骤和快乐习惯，再做一次这个调查表。定期评估得分，可以帮助你记录自己的进展情况。

无须理由的快乐是一种自然状态

无须理由的快乐不只是美好的想法。在本书后面的章节我还会说明无须理由的快乐是具体的、可测量的心理状态，具有明显的大脑活动、心率变化和身体化学反应等特点。

科学家证明，我们每一个主观体验都有相应的身体功能状态。体验无须理由快乐的人的大脑左前额皮层往往更加活跃，心电图波形更加规律，催产素、血清素、多巴胺、内啡肽等与幸福感和快乐感有关的神经递质分泌更多。

尽管现代科学让我们从生理学上对无理由的快乐有了新的理解，但在历史上，这种心理状态几乎一直在灵性和宗教领域里被提及。无须理由的快乐是一个普遍存在的概念。

我发觉全世界对这个概念都普遍认同。无论我走到哪里，人们听到快乐无须理由这个说法，都会引起共鸣。我们似乎产生一种直觉：我们最内在的本质是快乐。快乐不必创造，快乐是你自己。本书之后的章节将告诉你如何回归这个自然的状态。

第2章
实践快乐

万物不变，我们在变。

——亨利·戴维·梭罗（Henry David Thoreau），

作家、哲学家

想一想你认识的那些认为快乐无须理由的人吧。他们常常像一个个小太阳，把温暖和正能量带给他们能够影响的每一个人。认为快乐无须理由的人必然是乐观的，他们看到的半杯水是半满而不是半空，他们会一直拿水壶把装着半杯水的杯子填满，同时还会把其他人的杯子也填满。认为快乐无须理由的人不是一直在欢呼呐喊，有些时候他们很安静，内心平和且满足，在我们大多数人身处混乱之时，他们是这混乱里的平静所在。我们乐于和这样的人共度时光，因为他们有办法让我们精神振奋，哪怕我们正经历灰暗的日子，脾气坏到极点。

很幸运，我有一个认为快乐无须理由的人伴我成长，这个人就是我的父亲马克。我父亲无疑是中了“幸福设定点”头奖，无论做什么，身在何处，他身上总是闪耀着无限的光芒。然而，他的快乐不是来自外在的条件。他成长于美国大萧条时期，家境贫寒，为交学费辛苦劳碌，蒙受过不少个人损失，最高身高也只有 5 英尺 4 英寸（约 163 厘米）。但这些对他来说似乎都不重要，他热爱每一样事物。

父亲靠勤工俭学，包括在巧克力工厂工作一年，读完牙医学院。之后，他在第二次世界大战期间服了四年兵役，在南太平洋的一个部队担任牙医。虽然不喜欢身陷战争的日子，但父亲从未丧失内心的快乐。父亲深爱着母亲，身在海外时，每天写一封信给她，一共写了 858 封信，有些信一直保留至今。在部队的时候，父亲靠玩扑克牌积攒了一些钱，退役返乡后用这笔钱开了自己的第一家牙科诊所。他热爱自己的牙医事业，退休后做了一些令人惊叹的事情，在后面的章节里我再把他的故事讲给你听。

战后，父亲继续面临挑战，有时候家里经济拮据，我们几个孩子也不让人省心（不是从诺曼·洛克威尔[一]画中走出来的乖巧孩子），父亲的身体也日渐衰弱。但无论面对怎样的挑战，父亲始终保持愉快的心情。90 岁生日他还在打高尔夫球，91

[一] 诺曼·洛克威尔是 20 世纪早期美国的著名的画家。——译者注

岁去世时非常安详。

父亲在世的时候，每天清晨起床都很兴奋，感恩自己还在继续人生这场冒险旅程。他是我人生的第一个快乐榜样，也是我写本书的灵感源泉。大约是我 19 岁那年的一天，我问父亲有没有什么生活上的建议给我，他用两个字回答我："快乐！"

"好的，爸爸，"我说，"可是如何做到快乐呢？"

父亲没有给我答案。对他而言，快乐是自然而然的事，他不明白为什么不是所有人都有这样的感受，也不明白为什么人们都在拼命追求快乐。

托马斯·杰斐逊名句的含义

谈论快乐这个话题时，人们常常引用托马斯·杰斐逊《独立宣言》里的名句。他们告诉我说："我当然想要快乐啊，人人都被赋予了生存权、自由权和追求幸福的权利，不是吗？"

我们习惯于相信快乐是要通过追求去得到的。就像小狗追着棍子跑，我们追逐快乐，想要抓住一切我们认为可以带给我们快乐的东西。

后来有一天，我发现了杰斐逊名句的真正含义。当时我正搭乘飞机去参加会议，与我同行的还有我的挚友斯图尔特·埃默里和琼·埃默里夫妇，他们是人类潜能运动的领军人物。我们谈论着快乐的概念（这是我经常做的），斯图尔特转过头，用他迷人的澳大利亚口音对我说："玛萨，你知道杰斐逊所说的追求幸福的真正含义是什么吗？”

斯图尔特是《成功长青》（*Success Built to Last*）的作者之一，知道很多趣味无穷且鲜为人知的事。他解释说，在杰斐逊时代，“追求（pursue）”这个词的常见意义不是“追逐”，1776 年的时候，“追求（pursue）”一个事物的意思是身体力行地做这件事，反复做，使之成为一种习惯。

这个解释真是太重要了！睿智的托马斯·杰斐逊要告诉我们的并不是人人都有权利追求快乐，而是人人都有权利实践快乐。毕竟，追求快乐不是太有成效。

所以，我们不要再追求快乐了，开始实践快乐吧！实践快乐的方法是养成新的习惯。

快乐人士的习惯

幸福设定点高的人与我们没有什么不同，他们没有特异功能，没比我们多出一个心脏，也没有透视眼。他们只是有着与我们不同的习惯，仅此而已。心理学家认为，至少 90% 的行为方式是习惯使然。因此，要想变得更快乐，我们需要审视自己的习惯。

一些书籍和节目上说只要决定做一个快乐的人就可以了，下定决心快乐，就可以快乐。

这种说法我不认同。

你不能只决定做一个快乐的人，就好比你不能只决定健身或者决定成为钢琴大师，然后指望立即精通所需技巧。但是，你可以决定采取必要的步骤，如锻炼、上钢琴课等。通过练习技巧，你可以塑造健美的身形或举办钢琴演奏会。同理，通过实践快乐人士的习惯，你可以做到快乐无须理由。

过去的所有习惯性思维和行为都在大脑中形成了特定的神经通路，如同唱片上的凹槽。当我们一次次重复某一思维或行为方式，神经通路就会得到强化，凹槽加深。这就像人们经常在旷野穿行，最终会走出一条清晰的小路一样。不快乐的人往往会有更多消极的神经通路，因此人们不能无视自己大脑神经网络的现状，仅靠决心让自己快乐。提高幸福设定点需要创建新的“凹槽”。

过去科学家认为，步入成年后人的脑神经基本定型，很难改变。但关于大脑神经可塑性，新研究揭示的信息令人兴奋：当人们用新的方式思考、感觉、做事的时候，大脑会发生变化，形成新的神经连接。你不是注定一生都有同一个消极的神经通路。美国威斯康星大学杰出的脑科学家理查德·戴维森博士说：“根据我们对大脑可塑性的了解，我们可以把快乐、同情等看成技巧，这种技巧与演奏乐器或打网球的技巧没有什么不同。训练我们的大脑，让它变得快乐是可以实现的。”

我采访的快乐百人里，有几个属于天生快乐的人，但大多数人是通过实践给他们带来快乐的习惯最终学会快乐的。

在本书中，我将带领大家去发现能带来快乐的因素。但是，那些带来痛苦，阻碍我们快乐的因素又是什么呢？阻碍我们快乐的两大迷思分别是“拥有越多越快乐”和“快乐是有条件的”。这两个迷思充斥于我们的文化中，几乎让所有人迷恋其中而不能自拔。

迷思之一：拥有越多越快乐

谁富有？满意自己人生境遇的人才富有。

——《犹太法典》

我们多数人都有“拥有越多越快乐”的错误思想，并且深受其害。我们的社会处于一种渴望更多物质（我的朋友斯图尔特称之为“闪亮的东西”）的集体痴迷状态。这种状态源于一种悄然存在、暗藏恶果而且常常是无意识的共有信念，即更多的玩具、成功和金钱意味着更多的快乐。但数据显示，事实并非如此：

- 过去50年，美国人的个人收入增长超过2.5倍，但是美国人的快乐水平没有发生变化。
- 福布斯美国富豪榜上近40%的富豪没有普通美国人快乐。
- 个人获得的财富超过每年12000美元之后，财富增加几乎不会为个人带来更多的快乐。

显而易见，最快乐的人并不是拥有所有好东西的人。然而，因为受到根深蒂固思想的诱惑，我们相信金钱可以买到快乐，至少我们相信金钱可以为我们自己买来快乐。最近一项调查显示，各种收入水平的人皆认为拥有更多财富必定可以提高他们的快乐水平。

美国实业家安德鲁·卡内基靠钢铁业累积了大量财富。我听说一位记者曾经问卡内基：“你已经是非常富有的人了，赚多少钱才算足够呢？”卡内基思索片刻，答道：“比现在多赚一点点。”

这表明我们对获得的渴望不会带给我们真正的快乐。既然如此，为什么摆脱想要更多的渴望如此困难呢？

“我需要的只是一个证明金钱不会使我快乐的机会。”

这是因为广告业不希望我们停止对更多东西的渴望。广告业的存在让“拥有越多越快乐”的迷思一直延续，成为推动经济的引擎。每年花费数十亿美元的广告费，为的是让你相信你现在这样还不够好，你需要购买商品，而且是购买很多商品让自己快乐。一天晚上我做了个实验，统计当晚看电视的那段时间有多少次、以多少种方式听到这样的论调。

我的统计结果相当惊人。在短短 3 个小时的时间里，竟然有 68 条此类信息对我轮番轰炸，告诉我如果我没买某个公司销售的商品，我的生活注定痛苦。广告商们以最娱乐、最有力、最具创意的方式努力让我相信我需要某辆适合自己的汽车（5 家公司宣称他们的汽车最适合我）、某件最性感的内衣（例如镶有价值 200 万美元钻石的内衣）、某种神奇的药丸（这个我们稍后再说）和某款最好的护肤品（该品牌商不允许我看起来像我的实际年龄）。

我知道你在想什么，你一定在想：**不要理会这些商业广告，它们不会影响我。**但是，很抱歉戳破你的幻想，广告确实有影响。广告的影响是不可避免的。我们看到、听到的信息会反复进入我们大脑成为潜意识，然后变成信念。如果广告没有影响，广告商们就不会斥巨资让你一遍遍观看他们的广告了。

孩子们平均每天看 5 个小时电视，那么我们会有一大群不快乐的孩子，他们疯狂地想要拥有下一个玩具、下一个电子游戏、下一条名牌牛仔裤。这有什么可稀奇的？如果你曾经和孩子一起过圣诞节，你就会理解我被下面这个故事感动的原因。这个故事是我采访过的一位年轻的父亲说给我听的：

我大女儿维多利亚将满三岁那年，圣诞节到来之前的每个晚上，我们都给她读苏斯博士写的《圣诞怪杰》（*How the Grinch Stole Christmas*）。

维多利亚总是蜷缩着依偎在我身边，听我讲故事："无名镇每个居民都很喜欢圣诞节……"

维多利亚津津有味地听我讲绿毛怪格林奇密谋破坏无名镇圣诞节的故事。格林奇伪装成圣诞老人，带着伪装成圣诞驯鹿的狗，偷偷溜进无名镇居民的家里，偷光屋内的东西，只剩下光秃秃墙壁上的几个钩子和电线。可是让格林奇意外的是，虽然丢失了圣诞礼物、圣诞树和圣诞装饰，无名镇的居民们依然很快乐。格林奇没能阻止圣诞节来临，"圣诞节还是如期而至"。

那一年圣诞节早晨，我们比维多利亚早起，为的是可以看到她发现圣诞树下的礼物时热切而欢喜的模样。维多利亚先是跑去餐桌那边，之前她在餐桌上给圣诞老人和圣诞驯鹿留了点心。她看着盘子上的饼干屑、喝光了的牛奶杯、消失不见的胡萝卜这些圣诞老人来过的证据，瞪大双眼，一副兴奋的样子。看着女儿以为圣诞老人已经来过我们家的模样，我和怀孕的妻子笑容满面。接下来，维多利亚跑进客厅，看到了圣诞树下的礼物。

我们以为维多利亚会扑到礼物上，但是她没有。她举起小手，说道："等一等！咱们假装……假装格林奇来过，拿走了所有东西，只剩下钩子和电线，而咱们依然很快乐吧！"

于是，我们假装格林奇来过，但依然很快乐。像格林奇一样，那个圣诞节我的胸怀宽广了3倍。

如果任何情况下我们都可以快乐，生活会是什么样子呢？

当你体验到内心与生俱来的快乐，做到快乐无须理由时，你依然会享受生活中的事物，但不会指望这些事物让你快乐。此时，你能消除"拥有越多越快乐"的迷思。

迷思之二：快乐是有条件的

与"拥有越多越快乐"相似的是"快乐是有条件的"。以下这些说法哪些让你觉得耳熟呢？

- 如果有完美的伴侣，我就会快乐。
- 如果有一份更好的工作，我就会快乐。
- 有了孩子（或再有一个孩子），我就会快乐。
- 等孩子上学了，我就会快乐。
- 等我得到更多的认可或赏识，我就会快乐。
- 等我退休了，我就会快乐。

非常流行的一句话是：

等我减掉5磅（10磅、15磅或20磅，1磅=0.453千克），我就会快乐。

以上条件无论达成多少，你都永远觉得不够。达成每个条件时，你体验到的要么是转瞬即逝的满足，要么是彻彻底底的失望。想一想你最近实现的5个目标。实现这些目标给你带来了多少快乐？这些快乐又持续了多久？

我们忽略了一个感觉，有某样东西缺失了。我们不断尝试让自己加倍努力地工作，告诉自己**得到的再多一点就好，如果能处理好这件事就好**。我们就像玩转轮的仓鼠，一圈又一圈地转着，拼命想要掌控和操纵外部环境，总是害怕失去已经拥有的东西。一旦我们陷入“等我……，我就会快乐”的想法中不能自拔，快乐就始终远在将来。但事实上，体验真正的快乐只能是在当下，在此时此刻。

备受尊敬的哈佛大学心理学教授丹尼尔·吉尔伯特的最新研究证明，“等我……，我就会快乐”这种想法是完全无谓的。吉尔伯特是《哈佛幸福课》（*Stumbling on Happiness*）一书的作者，做过一些很有趣的研究。他的研究显示，人类不擅长预测什么事情会让未来的自己快乐。他一次次得出结论：我们会高估得到我们想要的东西带给我们的快乐。我们总是想象度假、晋升或建立某种关系时的美妙感觉，可是当我们真的实现这些目标时，通常我们感受到的快乐远不如我们想象的那么多。而且，我们会习惯于我们曾经认为会让我们快乐的事，所以每次经历这些事时，我们的快乐感和兴奋感都会降低，虽然我们曾经以为这些奇妙的事永远都可以让我们快乐。

“我拥有了食盆、骨头、宽敞的庭院，我知道我应该快乐。”

要变得更加快乐，我们必须从“有朝一日，等我们得到更多、拥有更好时，我们就会快乐”这样的痴迷中清醒过来。不管我们拥有什么，快乐只存在于现在，而不是以后。

生活中可遵循的三条指导原则

在我倾听快乐百人描述各自生活的过程中，一些快乐模式逐渐清晰地显现在我眼前。这些快乐人士无一不是摒弃了“拥有越多越快乐”的想法，或者跳离了“快乐是有条件的”转轮。他们在生活中都遵循着三条指导原则。虽然他们对这三条原则的说法不同，但这些原则让他们拥有了无须理由的快乐。这三条指导原则如下：

1. 让你能量倍增的事物可以使你更开心。（能量增加定律）
2. 宇宙友善，给你支持。（宇宙支持定律）
3. 你欣赏的会增值。（吸引定律）

本书第2部分将介绍快乐习惯，在实践这些习惯的过程中，你可能会发现自己陷在一些旧的行为方式和旧的思维方式及感觉中。这时，你就可以利用这三条指导原则来打破旧习惯。

指导原则一：让你能量倍增的事物可以使你更开心

科学已经证明，包括我们在内的宇宙万物都是由能量组成。我们的一言一行、所思所想和我们周遭的事物要么让我们的能量增加，要么让我们的能量下降。

能量增加时，我们感受到的快乐增加；能量下降时，我们感受到的快乐减少。

你可以通过以下简单的练习亲身体验这一点：坐直，双肩向后舒展，张开双臂，深呼吸，微笑。闭上双眼，感受你自己。

你可能这样描述你的体验：自由、开放、愉悦，有一种轻松、开阔的感觉。这就是能量增加状态。

现在，心里想着某个你喜爱、钦佩、乐于相伴的人，你的感受如何？

你同样会感觉能量增加、心胸开阔、轻松愉快。每次感到快乐时，人都处于能量增加状态。事实上，只要看看身体功能方面能量增加的程度，科学家就可以判断你的快乐水平如何。如果在你感到快乐的时候把身体接上科学测量仪器，你可以发现吸氧量上升、血管扩张、肌肉放松、心率平稳，大脑功能整合增强，所有这些迹象都说明你的能量增加了。

现在含胸，握拳，短促吸气，皱眉。你的感受如何？

你可能这样描述你的体验：焦虑、紧张、不安，有一种沉重的感觉。这就是能量下降状态。

心里想着某个让你感到惧怕或愤怒的人，你有什么感觉？是不是感到心情沉重？

这是你对不快乐的基本体验。你的所有负面情绪，如愤怒、恐惧、悲伤、嫉妒，都会让你的能量下降，限制生命能量的流动。当你有这些负面情绪时，你的肌肉紧张、呼吸变浅、血液循环受阻。如果此时你把身体接上科学测量仪器，你可以发现身体的应激激素水平上升。这会导致免疫系统崩溃，使你患病和感染疾病的风险增加。

快乐百人选择让他们能量增加而不是下降的思维、感受和行为方式，提高幸福设定点就是要形成可以让你的能量增加的习惯。下图中是一些让我们感到能量增加或下降的状况。

能量增加是通往快乐的快速路。应用这条指导原则，认识自己在一天之中能量增加或下降的情况，你可以检测自己是否在向着快乐迈进。

你坐过内置全球定位系统的汽车吗？不管你身在何处，全球定位系统都可以指引你到达想去的地方。你甚至可以设定系统的声音，我朋友的全球定位系统的播报语音听起来像一位有涵养的英国管家。她说这让她感觉自己像女王。

我们每个人都有自己的内置定位系统，反馈能量增加或下降的信息，引领我们走向快乐。如果你感觉能量增加，走的方向就是正确的；如果你感到能量下降，就需要更正方向。这很像小时候玩的寻物游戏。当你越来越靠近目标，朋友们会提示说："近了，更近了，找到了！"当你越来越远离目标，朋友们会提示说："远了，更远了，方向错了！"唯一不同的是，你内心的定位系统说的是"能量增加"或"能量下降"。

我常常依赖自己内心的定位系统。当我面临抉择时，我会停下来，深呼吸，感受哪个选择让我感觉轻松愉快、心胸开阔、能量增加。面对选择开胃菜这类简单的决定时，我会这样做；面对选择商业机会这样较为复杂的决定时，我也会这样做。让我感觉能量增加的选择总会令我更加开心。

按下面内容列出清单，看一看生活中的你是处于能量增加状态，还是能量下降状态，并按要求加以练习。

能量增加 / 能量下降清单

1. 拿出一张纸，在纸的上方写下两个标题，左边写“能量增加”，右边写“能量下降”。
2. 思考你的生活，包括工作、住房、健康、人际关系等。思考每项内容时，闭上双眼，深呼吸，感受你的能量是增加了还是下降了，然后将这项内容写在相应标题的下方。
3. 回顾列好的清单，留意生活的哪些方面让你感到快乐，哪些方面让你感到沮丧。列在“能量下降”标题下的那些是需要你更正方向的方面。

本书第 2 部分建议实践的所有快乐习惯都以第一条指导原则为基础。每章都有一个相关的“能量增加 / 能量下降”图表。请你聆听内心的定位系统，注意哪些行为让你的能量增加或下降。这样可以强化那些提升你幸福设定点的行为，帮助你体验无须理由的快乐。

指导原则二：宇宙友善，给你支持

爱因斯坦曾经说过，人们问自己的最重要的问题应该是“这个宇宙友善吗？”。对这个问题，快乐百人给出了清晰而响亮的回答：“这个宇宙是友善的。”在快乐百人的思想里，宇宙并不与我们为敌，而是在支持我们。

不同寻常的是，快乐百人不是只在幸运的事情发生时才相信宇宙的仁慈，他们相信宇宙仁慈，始终如一。不幸发生时，他们不会满腹牢骚地抱怨说：“为什么是我？不公平！”对于生活中发生的一切，他们看待的方式都是：最终，这件事的发生对我是好的。不存在错误。看看这件事好的一面吧。相信宇宙友善是快乐百人可以用轻松、信任的态度面对生活的根源。

甚至有研究表明，相信宇宙友善可以影响人的健康。美国迈阿密大学心理学与精神病学教授盖尔·艾恩森博士最近进行了一项研究，她发现与相信破坏的力量普遍存在的艾滋病患者相比，相信爱的力量普遍存在的艾滋病患者能在更长的时间里保持较为健康的身体状况。

宇宙友善这个观念接受起来可能有些困难。在这个世界上，的确有战争、迫害、饥荒、苦难等很多恐怖的事情在发生。这很容易让我们认为我们生活的这个宇宙不友好。我可以欣然接受宇宙一直在支持我这个想法，是因为我知道世上所有智者都信奉这一理念。因此，当我身处某一境地很难看出宇宙是如何在支持我时，我愿意承认自己的思维和理解能力有限，愿意用这些智者开明、通透的思想提醒自己。

我们不需要去了解这个理念的哲学或宗教含意，这不是我们讨论的目的。我只想说，相信快乐无须理由的人是以这个理念为生活指导原则的，你也可以效仿，以此提高自己的快乐水平。

先别费心去判断这个原则真实与否，我建议你先接受这个看法一两周，看看这段时间过后生活给你的感受有何不同。换言之，在这段时间里，不管发生什么事，都要认为宇宙是站在你这边支持你的，哪怕这看来并不明显，你也要这样认为。

最初这样尝试的时候，我发现尽管我不是欢欣雀跃地去喜爱生活中必须面对的每一件事，但我的内心确实感觉自在与平和了许多。有时候，我特别伤心难过或感到内心失衡（如一段恋情结束的时候），但我相信宇宙一直在支持着我，相信人生里有更重要的事情要做，这帮助我打破了“太不公平”“我永远找不到真爱”这类司空见惯、不断重复的想法。这种信念让我始终敞开心扉，最终把我带到了我的丈夫塞尔吉奥身边。

一旦相信宇宙支持你，你就可以不再抵触正在发生的事。这并不是要你被动接受世界上或生活里发生的事，也不是要你沾沾自喜、满不在乎，只是要你对已经发生且不能改变的事放弃抗争或哀叹抱怨。我们中有很多人耗费大量精力沮丧难过、抗拒现有的生活。如果这些人换一个新的角度思考，发现一些事物没有错，同时接受现实，反而可以把精力放在有效应对当下的情况上。

相信宇宙总能提供一些方法支持你、助你成长，这是一个让你感到能量增加的绝佳手段。

指导原则三：你欣赏的会增值

这条原则的基础是吸引定律。吸引定律又称吸引力法则，简单概括就是物以类聚。不管你所思、所感、所言、所行为何，你都像磁铁一样将你想要的东西吸引到自己的身边。每当你欣赏生活中存在的快乐，这个快乐就会像存进银行里的钱一样增值。近些年关于吸引定律有很多热议，这在很大程度上要归功于热门电影及同名畅销书《秘密》。我很荣幸这部电影的创作者和制片人朗达·拜恩邀请我参与电影和书籍的创作。朗达·拜恩是言行合一之人，她借助吸引定律创作了《秘密》并获得巨大成功。她的目的和愿景始终如一，那就是传播快乐，让吸引定律改造世界。第一次见到朗达·拜恩时，她那快乐的模样让我印象深刻。虽然她经历过极度绝望的时期，但如今的她身上洋溢着快乐和热情，散发着平和的气息。在本书第 8 章可以读到关于朗达·拜恩的精彩故事。

很多人把注意力和精力都放在了运用吸引定律吸引他们认为可以让自己快乐的事上，这是本末倒置的。快乐可以吸引我们想要的东西，这才是吸引定律的根本。朗达·拜恩在《秘密》一书中写道：

我要为你揭示《秘密》中一个不为人知的秘密。要达成生命中想要的一切，其捷径就是在当下做快乐的人、感受快乐！这是把金钱和其他你想要的事物带进你生命里最快的方式。向宇宙四方释放愉悦和快乐的感觉……你所要的一切，都是内在的功夫！外在的世界是果，思想是因。把你的思想和频率设定在快乐上。

当感觉良好时，你的能量会形成一个强大的磁场，更容易把你想要的东西吸引到你身边。宣示自己理想中的汽车、家庭、工作固然可以，但生活中快乐的关键不是操控世界给予我们想要的东西。运用吸引定律的最高境界是实现一切目标的根本目标，即无须理由的快乐。在物质层面，吸引定律对我来说可谓立见功效，而在精神层面，吸引定律让我获益更丰。专注对事物的看法，让我的情伤得以疗愈；重视过程中的每一步，让我的生活发生转变，哪怕这个转变不大。在精神层面运用吸引定律让我做到了快乐无须理由。

我的秘方

应用吸引定律时我最喜欢使用的工具被我称为“秘方”。我的秘方是：目标、关注、放松。这简单的三步是我从绩效咨询师比尔·莱瓦西那里学到的。运用以下这三步可以做到快乐无须理由。

1. 目标：清楚地知道自己想要什么。在学会快乐这件事上，你渴望的是获得更多的快乐。
2. 关注：你所关注的事情会对你的生活产生越来越深刻的影响。关注快乐这件事，每天实践快乐习惯。
3. 放松：学会放手和放松。实践快乐习惯时，宽待自己，相信自己正在消除障碍，体验更大的快乐。

设定目标，憧憬理想

一切有意识的改变都始于明确的目标。在提高幸福设定点之前，重要的是把快乐无须理由设定为目标。首先你要写下目标宣言，你可以这样开头：我很感激我在……然后在结尾写下快乐无须理由对你而言是怎样的感受。

我希望你用“我在”，因为这两个字是最有力量的，有助于目标的形成。请注意，我要你做的是用表示“现在”的字眼表达目标，仿佛你正在体验无须理由的快乐那样。表示“现在”的字眼具有即时性，可以把你的心中所愿吸引到你身边。例如，我个人的目标是“我很感激我在体验一种深层次的内心平和与快乐”。

写下你的目标

现在，想象你正体验无须理由的快乐。如果你正在体验那种不可动摇的内心平静与安乐，你的生活会是怎样呢？你会有什么感受，又会做些什么？会如何与他人沟通？

想象自己想要的感觉看起来可能有些愚蠢或异想天开，但这是一种非常有效的练习。你越是能清晰地体验快乐无须理由给你的感觉，越容易实现快乐无须理由这个目标。

想象的过程可以让你身处快乐无须理由的磁场。你可能仅仅因为想要和想象感到更快乐。

我还建议你做一个愿景板，在实践快乐习惯时可以看得见。愿景板是把生活中想实现的目标具象化。很多人在愿景板上展示自己想得到的东西，如汽车、恋爱关系、家庭。我建议你在愿景板上展示代表快乐的画面，可以选择美丽的自然风光照，可以选择某人开怀大笑或翩翩起舞的照片，也可以选择与爱人或偶像的合影。选择让你感觉能量增加、心胸开阔、精神振奋的图片放在愿景板上，然后在愿景板上写下你快乐无须理由的目标。与对待目标一样，你要专注于愿景板上展示的内容，仿佛它们已然存在。

我个人的愿景板上有我最快乐时刻的照片，有些是在大自然里拍的，有些是和我爱的人的合影。此外还有可以激发我快乐的图画、色彩和名言。我把愿景板挂在书桌对面的墙上，时刻都可以看到。我每天都会花些时间看看愿景板，感受愿景板激发的快乐。

* * *

现在你已经准备好将快乐目标付诸实践。在本书第2部分，你可以学习构筑内心快乐家园的7个步骤。读完本书后，我建议你每周练习一个步骤，践行快乐习惯，做每章附带的练习，将每章结尾列出的步骤付诸行动。你可能会发现，其中一些习惯很容易养成，而另一些习惯则是不小的挑战。遇到挑战时，别着急，你可以花些时间寻找简单的新练习。

实践这些想法和技巧时，要记住上面讲到的三条指导原则：你需要让内心的定位系统指引你朝能量增加的方向行进；选择相信宇宙友善并给你支持，看看会发生什么；坚持使用吸引定律，欣赏已经体验到的快乐，提高你的幸福设定点。

掌握了这些工具，你就可以开始构建你内心的快乐家园了。现在咱们开始吧！

02

第 2 部分

构筑内心的快乐家园

我们养成习惯，习惯左右我们。

——约翰·德莱顿（John Dryden），

17 世纪英国诗人、剧作家

第3章 快乐家园的基石——掌握自己的快乐

生活中多数阴霾的形成究其原因是我们站在了自己的阳光里。

——拉尔夫·沃尔多·爱默生（Ralph Waldo Emerson），作家、哲学家

虽然建房子不是我擅长的事，但是我也知道建房子的第一步是打地基。打地基是确保房子牢固的基础。

构筑内心快乐家园的第一步也是如此。奠定快乐家园的基石就是掌握自己的快乐。这意味着，你首先要相信自己是可以快乐的，然后要逐步看清哪些习惯阻碍你快乐，最后还要坚持不懈、一步步地转变思维、感受和行为习惯，让习惯更好地为自己服务。

快乐百人让我印象深刻的一件事是，在采访中和采访后没有一个人质疑过自己快乐的能力。他们知道快乐是可能的，他们也知道快乐由自己决定。他们不会把快乐这件事留到未来，不会等着条件成熟或希望有朝一日幸运降临。他们也不会受困于过去，不会说“因为我的出身或我的遭遇怎样怎样，所以我无法快乐”这种话。他们积极生活，专注未来的可能性，而不是让自己成为过往或当下境遇的受害者。

2005年《国际行为医学》杂志上的一项研究证明了快乐和承担责任之间的关系。盖尔·艾恩森团队的这项研究显示，乐观的艾滋病患者表现更加积极，能更好地应对疾病，病情发展更缓慢。据艾恩森博士说，积极性与乐观密切相关，而乐观这一性格特点又与快乐有关联。

好消息是，不管你的起点如何，一旦你积极主动，承担起体验快乐的全部责任，你就成为自己人生的主宰，就可以突飞猛进地提高幸福设定点。

就内核而言，我们已经是而且全都是拥护快乐无须理由的人。我们每个人的内心都有一颗平和、安乐的小太阳熠熠生辉，虽然这颗小太阳常常被一片片乌云遮挡。在本章，我们会让阳光照到这一片片乌云之上，带大家了解形形色色的受害者模式，了解那些让我们不能一直体验快乐的根深蒂固的旧习惯。

掌握自主

在研究过程中，我发现越来越多的人开始意识到自己拥有一种能力，这种能力让人可以借助自己的所思、所感、所言、所为去创造未来。人们逐渐认识到选择决定生活。一旦你理解吸引定律，你就会知道你要为自己生活里的快乐体验（或不快乐体验）负责。

掌握快乐的自主权涉及两个方面：

1. 相信快乐由自己决定，相信改变习惯可以获得让自己更加快乐的能力和力量。
2. 反应能力（承担责任）：选择可以让自己快乐的方式去应对生活中发生的事。

阅读本书之时，你已经迈开了掌握快乐的第一步。关注如何更快乐这件事本身就具有强大的影响力。事实上，关于快乐最早的一项实验已经证实了这一点。1977 年，心理学家、《快乐心理学》（*The Psychology of Happiness*）作者迈克尔·福代斯博士发表了具有开创性的实验结果，他证明一些接受任务去研究快乐人士习惯的学生因为研究这个课题提升了自己的快乐水平和生活满意度。

没错，正如美国加利福尼亚大学河滨分校心理学教授索尼娅·柳博米尔斯基博士指出，投入时间和精力去成为更开心的人与节食和运动一样，只坚持一两天是不行的，必须持之以恒。但是很遗憾，大多数人只把精力放在买什么车上，没有把精力放在提高快乐水平上。

反应能力

我们对发生的事做出反应的能力，即我们的反应能力，对我们的快乐影响极大。快乐百人以让自己内心平和、安乐的方式应对所有事情。多年前，我的导师杰克·坎菲尔德教给我下面这个简单的公式，可以解释这个概念：

E + R = O（事件 + 反应 = 结果）

对于生活中的事情，只要是能做到的，相信快乐无须理由的人都会精心安排。当他们无力改变事件本身时，他们就会改变自己对该事件的态度。

下次你遇上堵车，看看四周吧。也许你会发现有人面色阴沉，双手死死地握住方向盘，朝着别人的车大喊大叫。也有人坐在车里，跟着收音机里的音乐扭动身体，放声高歌，然后匆匆驶过。同样的事情，不同的人有不同的反应。

每一次你选择让自己能量增加、内心更平静安乐的方式应对事情，都会提升你未来做出同样积极选择的能力。这是一种真正的赋权，它让你从受害者变成胜利者。

最终的胜利者

我第一次接触到这个改变人生的想法是在高中时期，当时英语老师给全班布置了一个任务，阅读维克多·弗兰克尔写的《活出生命的意义》（*Man's Search for Meaning*）。弗兰克尔是第二次世界大战期间纳粹大屠杀的幸存者，他以惊人的雄辩之才讲述了自己和其他人在奥斯威辛集中营里每天忍受暴行的同时是如何克服绝望心理的故事。一开始读这本书时，我很抗拒，担心自己被书中的描述吓到，但是一页页读下来，我感觉自己越来越受鼓舞，心情也愉快起来。书中有一段话让我大为震撼：

> 我们这些在集中营过活的人，都记得那些走过一间间屋子安慰别人、把自己最后一块面包送给别人的人。这样的人数量可能不多，但足以证明任何东西都可以被夺走，唯有一样例外，那就是人类仅剩的自由：在任何环境中选择自己态度的自由，选择自己行为方式的自由。

如果在可以想象的最恶劣的环境中维克多·弗兰克尔都可以发现生命的意义，甚至体验到爱，那我不得不相信，我们每个人每一天都可以鼓起勇气，改变对生活中发生的任何事情的应对方式和态度。

人如其名，维克多是最终的胜利者！

快乐的掠夺者

如果我们受困于各式各样的受害者模式不能自拔，我们会把同样的情况一次次吸引到自己身边（吸引定律在起作用）。例如，我们总是看到这样的情况：一个女人每次到最后都会陷入不健康的恋爱关系，不同的对象，相同的问题。

作家埃克哈特·托利在我看来是快乐无须理由的楷模。在《当下的力量》（*The Power of Now*）这本书里，托利说他意识到我们当下的力量可以改变导致老问题长期存在的受害者信念：

> 受害者身份是一种信念，这种信念认为过去比现在更强大——但真相恰恰相反。这种信念认为其他人和其他人曾经对你的所作所为要对今天的你负责，要对你的情感痛苦或不能做真正的自我负责。事实真相是，世上唯一存在的力量存在于当下这一刻。一旦你明白这一点，你就会认识到该为你内在世界负责的是你自己，不是别人，同时，你也会认识到过去不可能敌过当下的力量。

在当下，我们一直都可以随心所欲地破除旧习惯，养成可以创造别样未来的快乐习惯。剥夺我们快乐的习惯包括抱怨、指责和羞愧。

抱怨：抱怨、觉得自己可怜、想要博取同情、诉苦乞怜、过度付出，这些行为都清楚表明我们是自怜派对的座上宾。按照吸引定律，我们越是把注意力放在不希望发生的事情上，这样的事情就越会发生。例如，如果我们总是抱怨情感关系糟糕或者自己欠了钱，不良情感关系或债务的负能量就会增强。抱怨就像是在向上天订购我们不想要的东西！

抱怨者的座右铭：我真可怜！

指责：找借口，把我们的痛苦或问题归咎于环境或他人，会让我们变得软弱。我们出让了自己的权利，因为能量被转向其他人或其他事上，我们处理问题需要的能量也不见了。

“你以为我不想快乐吗？上天把我塑造成了这个样子！”

指责者的座右铭：不是我的错！

羞愧：我们把责任归咎于自己，因为发生在自己身上的事感到羞愧，对自己做过（或没做）的事情感到内疚，我们常常试图压抑这种痛苦，或者将这些不舒服的感觉深埋心底。这样会使我们消耗很多能量，阻碍我们快乐。

羞愧者的座右铭：都是我的错！

想一想你认识的不快乐的人。他们可能花很多时间指责、抱怨、感到羞愧，因此失去了体验内心快乐的机会。逃离受害者游戏一定可以让你的能量增加，让你更加快乐：

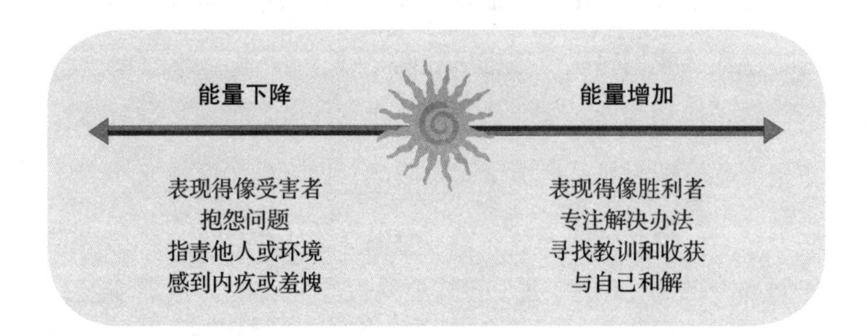

抓住快乐的掠夺者

感觉自己是受害者这个习惯可能很难察觉而且根深蒂固。担任公司培训师期间，我开始注意人们的这种受害者模式。我所开授课程的内容是关于承担个人责任的重要性。课程开始的时候我问学员们是否同意课间休息后按时回来上课，所有人都表示同意。迟到的人必须站在教室前面唱一首高中时代的战歌，如果不记得就要唱一首我挑选的歌曲。《财富》世界500强公司的主管们都是非常成功的精英人士，但我没法告诉你他们有多少人在迟到后找理由、指责他人，或者抱怨我们关于不迟到的约定。即使是很小的事，承担责任也并非易事，这个发现令人惊叹。对待迟到这件事我没有丝毫动摇，于是在培训的三天时间里，我们欣赏了无数次我最爱的《停下，以爱的名义》。各公司高管佩戴名牌唱这首歌，表情困窘。

几年前，我参加了一个为期3天的研讨班。这次，角色调转，研讨班主讲人制定了一条规则，如果我们这些参加研讨班的人表现出受害者的样子，例如指责他人、找借口、抱怨、自怜或自责，那么我们每次要往桶里放两元钱。

我无法相信在一天之内我做了很多次这样的事。迟到了，我指责吃早饭时排队的人太多。哎哟！两元钱没了（至少我不用唱歌）。抱怨房间太冷，两元钱又没了（毕竟，每次研讨班房间都冷得像冷藏库，我应该知道要带件毛线衫）。指责、抱怨、感到羞愧已经成为无意识的行为，做这些事的时候我全然不知。虽然我一整天都在不停地从钱包里掏钱出来，两元钱罚款这样的微小代价却让我知晓自己扮演受害者的频率有多么频繁。

不止我一个人这样，为期3天的研讨班结束时，桶里已经装满罚款（罚款最后捐给了当地的慈善机构）。因为开始注意自己的行为习惯，我们扮演受害者的频率也大大降低。我建议你和你的家人、同事或朋友用一周的时间尝试这个练习，看看会有什么情况发生。我猜这个练习结束的时候，你们也会为慈善机构筹得几大桶善款。这个过程中形成的新的意识也会让你受益，为你改变习惯、实现快乐无须理由提供明确的提示。

对自己的快乐负责，永远不迟

无论何时开始，改变习惯总是可行的。我亲自见证了我母亲在晚年时经历的完美转变。和她们那一辈的很多女性一样，我母亲一直很有爱心，习惯过度付出，结果经常忽略了自己的需求，把自己弄得筋疲力尽、心力交瘁。但是，她渐渐地学会了克服过去的行为模式，为自己负责，这给她的生活带来了更多的快乐和满足。50多岁时，母亲开始冥想，因为冥想她停掉了一些药物，健康状况也得到改善。快80岁时，她破天荒地开始进行有规律的锻炼。如今，85岁的她每天散步两次，有生以来第一次上健身课，并且是她所在的老年人有氧健身操班年纪最长的学员。父母结婚63年时，父亲离世，此后母亲找到勇气，独自完成了很多个第一次，如独自旅行、加入各种俱乐部、每周做按摩。与50岁、甚至25岁时相比，85岁的母亲在生活上更加自主，这说明对自己的快乐负责，永远都不迟。

在对快乐百人的采访中，我发现他们主要使用3种方法来克服旧习惯，让自己在生活上更自主，对自己的快乐负责。

赋予你生活自主权的快乐习惯

1. 专注解决办法。
2. 寻找教训和收获。
3. 与自己和解。

赋予你生活自主权的快乐习惯之一：专注解决办法

如果不喜欢某件事，那就改变它。如果无法改变这件事，那就改变自己的态度。不要抱怨。

——马娅·安杰卢（Maya Angelou），作家、诗人

不知道你是否听过这样一句俗语：担忧像一把摇椅，耗费你很多精力，却让你一事无成。抱怨也是如此。我相信，你曾经为了某个让你烦恼的情形或问题抱怨，结果令自己心烦气恼。

想象一下把同样的精力用来解决问题，运用你的智慧、创造力和想象力去发现各种可能的解决办法。

哪一种做法会让你更快乐呢?

这二者完全没有可比性。专注问题让你的能量下降，而专注解决办法让你的能量增加，同时也让你更快乐。这是第一条指导原则。胜利者专注于解决办法，受害者抱怨问题。

我发现“心灵鸡汤”系列丛书的投稿故事中，最有启发性的是人们从受害者变成胜利者从而彻底改变生活的故事。

下面是快乐百人受访者艾瑞尔·吉尔伯特的故事。这是我在本书中要和各位分享的第一个故事。艾瑞尔转变为胜利者的故事在诸多令人难忘的事例中显得尤为突出，所以我选她的故事来说明专注解决办法这一快乐习惯的重要性。

第一次听说艾瑞尔是从我的朋友保罗那里。当时我们在我家的餐厅共进午餐，保罗和我说起了他认识的最快乐的人艾瑞尔。艾瑞尔是一个年轻漂亮的姑娘，曾在本地一家医院当护士，但是后来她的生活发生了翻天覆地的变化。保罗讲完艾瑞尔的故事，我静默不语，大脑不停地回想着我所听到的。艾瑞尔究竟有什么秘密让她可以如此快乐呢？继续往下读，你就可以找到答案。

新视角

1988年6月的一天，我结束了儿科护士一天的工作，走在回家的路上。我感到眼睛有些刺痛，于是到街角的药店买了一些非处方眼药水。回到家后，我做的第一件事就是滴眼药水。刚刚滴完眼药水，我就感觉双眼火辣辣的疼，几乎看不见东西。

我被紧急送往急诊室的时候，身上还穿着护士服。急诊室的医生尽了全力，但仍无济于事。眼药水里掺入了碱液，滴完眼药水不到一个小时，我的双眼失明了。

突然之间，我变成了一个34岁初学走路的孩子。接下来的几个月，大部分时间我都躺在床上，在本不该睡觉的时间，时睡时醒。眼部损伤导致频繁的偏头痛，这让我感到筋疲力尽。我很少接听别人打来的电话，也不希望有任何人探访。

深深的自怜像一堵高墙将我包围、囚禁，让我与世隔绝。虽然我的丈夫和为数不多的几个我愿意交谈的朋友努力安慰我，但都没有办法开导我。

失明以前，我和多数人一样，用习以为常的态度面对生活。完成本职工作、与朋友交往、做自己感兴趣的事，足以。在这样的生活里，在现实生活中，我极度依赖视觉。除了是一名护士，我还是一个艺术家、珠宝商、摄影师和飞行员。我爱好天文学，擅长体育，喜欢户外活动。我游泳、打网球，定期与本地一支划船队划船，也会携带望远镜和观鸟指南远足。

从五岁开始，我就经常和祖父一起外出观鸟。搜寻鸟类存在的痕迹，观察鸟儿身上的花纹、羽毛和鸟喙的形状，识别鸟的品种，这些高度依赖视觉的活动不但提高了我的观察能力，也增强了我与自然界的联系。现在，对于双目失明的我来说，观鸟以及其他我曾经擅长和喜爱的活动都成了完全不可能的事。

这样的日子差不多过了一年。有一天，我躺在床上问自己："你生活的质量在哪里？"我一直沉浸在自己的痛苦中，每天一步步滑入内心的黑洞，这比丧失视力还要悲惨。我设想了接下来20 ~40年的生活，并且问自己："这是你想要的生活吗？"

我的内心抗拒这样的生活。不，我不要这样过活！我感觉一股能量的火花和对生活的热爱在胸中重新燃起。好吧，我想要找回我的生活，那现在要做些什么呢？我以前见过的盲人要么有导盲犬，要么依靠一根长长的白色手杖。因为一直都是爱狗之人，我的选择也就不言而喻了。我想要一只导盲犬。

数月来第一次，我没有抱怨自己的遭遇，我只有目标和方向。我需要给导盲犬学校打电话，我感觉自己的心跳在加快。电话在哪里？可以通过查号台查到电话号码吗？我在床上坐起身，双手急切地在床头柜上摸索电话的位置。为了某件事而心潮澎湃的感觉简直太棒了。

虽然动作笨拙，但我的内心非常坚定，我成功地把电话打到了导盲犬学校，他们告诉我，在获得导盲犬之前，我首先需要掌握基本的生活技能。又是一个目标。为了达成这个目标，我给自己安排了培训课程。终于，我感觉自己活了过来。

之后的六个月，我完成了培训课程。在此过程中，我有时会想要放弃，毕竟无所事事地躺着比自我怜悯要容易得多。但是我很快体会到虽然做出决定后身体力行地去改变会让人心生畏惧，但也让人感到振奋和喜悦。希望的泡泡开始不断在我体内上涌，当我第一次牵着导盲犬走在街头，这些希望的泡泡汇集成了一个快乐气球，飘浮在我胸中。如果用导盲手杖，我只能一路摸索着缓慢前行，每走一步都要思前想后，担心会不会撞到什么东西。现在，因为有导盲犬韦伯斯特的帮助，我的步履相当轻快，完全可以自在、自如地穿行。突然之间，一切都感觉顺畅了，我又变回那个自在、自信、能干的自己。

渐渐地，在韦伯斯特的引导下，我甚至重新开始远足。有一天，和丈夫在图森市远足时，我听到鸟儿在歌唱。我惊呼道："啊！你听到鸟儿在歌唱吗？能看到它的翅膀是什么颜色吗？"

我丈夫找到小鸟的位置，告诉我它的颜色。我很激动，于是开始连珠炮似地向他发问。"鸟的尾巴上有黑色条纹吗？它有多大呀？"

我丈夫也和我一样激动，他非常详细地给我描述那只鸟的样子："没错，鸟的尾巴上有黑色条纹，脖子是白色的，嘴的形状像……"

我高兴异常，说道："哎呀，这是只墨西哥鹪鹩！"

因为这种新的观鸟方法，我们开心地大笑起来。剩下的时间，我们就像这样，我听鸟的声音，我丈夫给我描述鸟的样貌，然后我来识别鸟的品种。我体会到了我以为再也体会不到的快乐。事实上，这种新的观鸟方式更有乐趣，因为通过亲密无间的合作，我可以和丈夫共享观鸟的经历。

导盲犬韦伯斯特还帮我重新回到职场。我在曾经任职的医院找到了一份工作，先是在暗房冲洗X光片，后来是做医疗转录员。可以独立活动之后，我开始在导盲犬学校做志愿者，在我家附近的校区做讲座或带人参观，最后在导盲犬学校找到全职工作。

我热爱自己的新工作。能够参与他人的转变过程，感觉非常美好。我记得有一个男人和其视力正常的妻子来我们这里参观。来参观可能是他妻子的主意，男人全程都很安静，可以说是沉默寡言。一名视力正常的志愿者告诉我，男人戴着帽子，留着长发和大胡子。他还在逃避外面的世界，我曾经有很长一段时间也是如此。男人最后上了为期一个月的寄宿课程。课程过半时，在一次和导盲犬配对活动中，他对教练说他想剪头发、刮胡子。之后，他还出去买了新衣服。随着与导盲犬和外界逐渐建立联系，无论是在身体上还是在情感上，他都在往好的方向发展。男人的改变是惊人的。毕业典礼上，当他走上舞台时，坐在观众席一个月未曾见面的妻子甚至都认不出他了。

我可以感同身受。我有时也认不出自己。失明前，我以为自己是挺开心的一个人。然而，与之前相比，我现在更快乐、更自主，这种快乐和自主是一种持续的状态，源自更有意义的地方。现在，我的生活有了一种更深层次的满足和安宁。这是因为虽然我丧失了视力，但我的视野却变得更加宽广了。

* * *

寻解导向法

虽然大多数人不会像艾瑞尔一样经历突然失明这种极端的事情，但我们都有自己的受害者模式。生活里小的失望、背叛、挫折可能会堆积起来，我们会无意识地抱怨负担重、不开心。最近我听说普通人每天要抱怨 70 次。

美国堪萨斯城一个名叫威尔·鲍恩的牧师想出了一个非常新颖的办法应对抱怨症候群。鲍恩给教众派发紫色手环，邀请他们参加一项实验。参与实验的人每次发现自己抱怨，就要把手环戴到另一只手上。实验的目标是21天不移动手环。鲍恩的挑战很快传播开来，全世界有数百万人戴着紫色手环，和鲍恩一起努力创造一个没有抱怨的世界。

从艾瑞尔不再把自己看成是受害者，开始寻找问题解决办法的那一刻起，她的转变开始了。利用一种名为“寻解导向法”的有效方法，每个人都可以做出这种转变。商业顾问保罗·杰克逊和马克·麦克高在其合著的《跳过问题找方法》（*The Solutions Focus*）一书中提出了“寻解导向法”。不管是职业问题还是个人问题，这个方法对我来说都卓有成效。我记得在我得知寻解导向法之后的一天早上，我和丈夫有些发愁我们俩人之间的关系，于是我们决定试试这个方法。

寻解导向法的第一步是按1分到10分对自己关于某个情况的感受进行评价，10分表示“十分满意”。我丈夫塞尔吉奥带领我完成这个步骤，他问我：“你现在对我们关系的满意度是多少？”

那天我特别不顺心，所以我回答说：“嗯……满意度大概是6分吧。”

接下来这一步是寻解导向法与众不同的地方，可以真正显示出马克他们的天才之处。在我们知道寻解导向法之前，我和我丈夫应该会花上3天时间讨论我们的关系不能得10分的原因。我们会关注我们不满意的所有原因以及我们想要做哪些改变。

塞尔吉奥说："哇，我们有6分呢！"（有时塞尔吉奥真是乐观到令人恼火。）"为什么我们可以得6分，而不是1分呢？"

思考片刻，我回答道："我们有6分是因为我们在一起很开心，因为我们深爱和信任彼此，因为我们每天一起做欣赏练习（详见第9章），因为我们喜欢一起骑自行车出游、在大自然中徒步旅行。"我继续罗列出所有我觉得我们关系不错的原因。

塞尔吉奥表示同意，然后补充了我们对彼此关系的满意度不是1分的理由。其中包括我们彼此坦诚，会抽出时间相互陪伴，拥有相同的价值观。

那天下午，我们决定外出远足。我们开怀大笑，玩得很开心。我们相互倾听，回到家时，我们对彼此关系的满意度已经达到11分了。

寻解导向法让你关注正在产生满意结果的那部分，这样一来你就不会浪费精力去抱怨，就可以创造更多的快乐。以下一些简单的步骤可以帮助你在生活中应用寻解导向法。

练　习

寻解导向法的技巧㈠

在纸上写下以下问题的答案：

1. 想一件你最近一直在抱怨的事。按 1~10 分评价你对这件事的感受，1 分表示“十分不满意”，10 分表示“十分满意”。

（如果评分是 1，请跳至问题 3。）

2. 太棒了，你没有拿 1 分。写出你做了哪些事让你的满意度可以达到现在的分数，能想到多少就写多少。
3. 哪些小的征兆表明你的满意度提高了 1 分？仔细思考，尽可能多地把它们写下来。
4. 根据你之前写下的内容，你在第二天可以做哪些小事提高自己的满意度？
5. 开始行动，做一些你在问题 4 中列出的事。留意哪些时候你的满意度略有提升，坚持做让你满意度提升的那些事。

㈠ 此处内容改自《跳过问题找方法》，经保罗·杰克逊和马克·麦克高授权使用。

赋予你生活自主权的快乐习惯之二：寻找教训和收获

人生最好的时光就在你认清你的问题因你而生的时候。
不迁怒母亲，不怪罪环境，不归咎总统。
你认识到你才是自己命运的主人。

——阿尔伯特·埃利斯（Albert Ellis），心理学家

研究证实，指责是抢走快乐的窃贼。1999年，美国麻省理工学院的沙恩·弗雷德里克和卡内基—梅隆大学的乔治·洛温斯坦所主导的一项研究显示：遭遇严重事故后8~12个月仍为此指责他人的人“应对评分特别低”。令人遗憾的是，只要你说“这是我妈妈的错，这是我丈夫的错，这是政府的错，这是我六级钢琴教师的错……”，你就不会快乐。

快乐百人都有一个可以让他们自己停止指责的秘诀。他们相信“宇宙友善，给他们支持”（指导原则二），而且他们认为任何事情对他们而言都有收获或教训。如果指责是遮住快乐的一朵乌云，那么你不妨亲自试一试这个方法，不要问该指责谁，问一问从这件事上你可以得到什么教训或者有什么收获。

“如果他们无父无母，他们会把所有的困扰怪在谁头上呢？”

作家兼励志演说家凯莉·坎贝尔是快乐百人里非常耀眼的一个，但她并不是历来如此。在下面的故事中，凯莉讲述了女性的梦魇最终如何帮助她意识到自己有爱指责的坏习惯。

停止抱怨

“我没办法结婚。”我未婚夫斯坦说。

我想我肯定是听错了。当时是傍晚时分，我们刚刚下班回到家中。我把在百货商店买的几件衬衫递给斯坦，但是他看都没怎么看，就丢在桌子上。

“我就是没办法结婚。”斯坦重复道。一股黑色的海浪正在将我吞噬，我闭上双眼，感觉无法呼吸。

斯坦垂着头，看着地面，说道："很抱歉，我不能和你结婚。"

但是，三个星期之后就是婚礼了。

我目瞪口呆地看着他，不停地告诉自己不要哭。

"为什么？"我喘息着问他，"发生了什么事？"

斯坦没有办法回答。之后几个小时，我们都在争吵。我恳求，他逃避；我大喊大叫，他也大喊大叫；我哭嚷抱怨，拼命想要找出答案。是临阵退缩，还是对教堂、蛋糕、结婚礼服、婚礼音响师或其他什么不满意？我需要一个答案，任何答案都可以，只要不是"我不爱你"。

但我得到的答案是："我对你的感觉没有那么亲近。"这比"我不爱你"更糟。

然后，我逃走了。凌晨3点，我打电话给我最好的朋友盖伊。我和盖伊常常开玩笑说，最好的朋友就是愿意凌晨3点收留你的人。我说："收留我吧，斯坦不想和我结婚。"

接下来几个星期，斯坦和我终结了我们的快乐生活。我们取消了结婚礼服，取消了为婚礼预定的教堂、鲜花、礼堂，取消了伴娘、摄影师，取消了蜜月旅行。我们归还了礼物，收回了请帖。我的父母哭了。我的朋友们给我安慰的拥抱。我搬了出来。

十个星期之后，斯坦和别人结婚了。

有一周时间，我每天至少要用掉两盒纸巾。为了应对这件事，我接受了个体心理治疗和集体心理治疗。我咆哮、埋怨、哀号、怒骂，用网球拍拼命地打沙发。每次参加集体治疗，我都啜泣着说："我们的关系曾经那么美好，是全世界最完美的！"

"哦，真的是这样吗？"在一次参加集体治疗时一直忍受的心理治疗师终于忍不住开口。"有多美好呢？如果真的那么好，你们的关系就不会结束了。"

这个可怕的赤裸裸的真相如同拳王的一记重拳狠狠击中了我。一起参加治疗的人和我不约而同倒抽一口气。我瞪大双眼盯着这位心理治疗师。她怎么可以这样说话？她究竟是站在哪一边的？

我想继续指责，继续说斯坦错了，继续摆出无辜受害者的样子，不想停下。当所有朋友都拥抱你、爱你、努力抚平你无数的伤痛时，做一个受害者感觉是最轻松的。这时，你可以因为自己痛苦的生活指责除自己之外的任何人或事：那个男人、你的父母、你的心理治疗师、你的工作。我打电话给每一个朋友，告诉他们我最近遭遇的背叛。我不仅被我那糟糕的男朋友利用、伤害，我的心理治疗师还认为这是我的错！诉苦乞怜像一道防护层，给我安全，让我沉醉。

我把自己关在办公室里埋头工作，身边的人个个小心翼翼，如履薄冰。直到有一天早上，一个同事没打招呼突然走进我的办公室，直视着我。

她说："18岁时，我怀孕了，我未婚夫在婚礼前一个星期离开我们生活的城镇参军去了。"

我凝视她良久。她就那样坐着，冷静地等待我慢慢觉悟其他人也经历过和我一样的事，甚至比我承受更大的痛苦，而且活下来了。她热爱生活、喜欢玩乐、多才多艺、开心快乐。不知用什么方法，她治愈了情伤，重获自我价值感，喜获成功。她没有因为生活里一件不开心的事让自己一直陷在受害者角色中。

她的这段个人经历给我提出了一个挑战：我现在要如何面对我的人生？是像郝薇香小姐[㊀]那样，终日穿着破旧的婚纱，守着已经发霉的结婚蛋糕，任所有一切尘封在过去？还是承担起责任，弄清楚自己做了什么导致如今的局面，然后成长？

天使俯身对我轻语："成长吧。"天使获胜。我重新开始接受治疗。此时，我才真正开始从情伤中走出来。

我开始从分手这件事中查找自己的问题。斯坦的不快乐为何来得如此突然？我回想起我们恋爱关系中曾经响起的警报，闪烁的警示灯发出的"此路不通"的预警信号。我想安排日程时，斯坦抱怨我有控制欲；我想花钱时，他想存钱。他甚至在参加他哥哥的婚礼时对我说，哥哥和嫂子相爱的方式很特别，与我们不同。事后想来，信号如此明显，我当时却对此并不重视。斯坦并不糟糕，也没有错。我也不是坏人，我也没错。我

㊀ Miss Havisham，查尔斯·狄更斯的小说《远大前程》（*Great Expectations*）中的人物。——译者注

们只是不同类型的人而已。我们相伴而行的路途已经走到尽头，对我们彼此最有利的是分道扬镳。我想成为胜利者，但我不能把他变成失败者以此达成自己成为胜利者的目标。我必须停止受害者思维，停止因为自己的不幸而指责他人，停止讲述受害者的故事。

承担责任是截然不同的全新局面。虽然我之前做了一些糟糕的选择，但我决心以新的思想和行为去改变自己的人生经历。

我找到了一些榜样，他们过着我想要的生活，我与他们建立起联系。我阅读我想效仿的名人的传记，遵循他们的建议。我庆祝每一次成功，每一次成功都证明我是胜利者。我找到开心快乐的成功人士，靠近他们，学习他们的处世之道。当我的新男友在争吵中抱怨我的行为时，我会停下来倾听。我从他的角度审视我自己，然后我说："史蒂夫，你说的没错。我也不喜欢自己这样。我不知道自己为什么这样做，我想这只是旧习惯吧。"

"哇，"他轻声说，"你能这样看问题，还让我知道，我很感动。谢谢你。"

伴随更好的亲密关系而来的是更好的客户、工作和更大的胜利。我开始授课，帮助别人。我写了两本书，主持研讨会，发表演说，分享我自己的故事和来之不易的收获，帮助其他人成为生活里的胜利者。

我发现，看起来不好的事未见得总是不好。谁能料想举行婚礼的前三个星期被抛弃的经历会让我克服对我而言危害最大的习惯呢？指责这个习惯，我曾经求快乐而不得。指责终将没有好结果，而我现在有了更好的选择——平静、满足、快乐。

* * *

被拒绝是上天的保护

从发生的事情中寻求收获和教训，而非陷于指责的泥沼不能自拔，这样的选择让我们得以从指责这种旧的行为模式中解脱出来，不再一次次让同样的事情重演。寻求收获和教训乍看可能颇具挑战性，但是请相信我，我做到了。在经历艰难时刻的当下，如果有人对我说“等着看吧，这件事最终可能对你是有益的”，我很难听得进去。但是，我已经慢慢明白这话说得没错。

我的一位朋友经常提醒我，“被拒绝是上天的保护”。虽然在事情发生时，我并不总是能认识到这一点，但是当我审视过去的种种失望时，我可以理解为什么我一心想要的那些东西无论如何都不能让我快乐（我的个人经历印证了丹尼尔·吉尔伯特的研究），反而是我认为不好的事情最后常常成为我人生最大的幸运。这种情况发生的频率很高，所以若干年前我开始使用一个对我非常奏效的方法。每次当我开始要指责某个人或某个情况时，我都会停下来问自己：如果这件事的发生是为了实现更高的目标，那会是什么呢？

快乐百人认识到，把事情分为“好”与“坏”毫无用处。相反，他们选择相信他们可以从每件事中得到收获或者教训，虽然在当下他们可能不一定能看到这些。

中国古代的一个故事很好地证明了这一点：

一个老农夫用马耕田。一日，马跑了。对于农夫的霉运，邻居表示同情，但农夫却耸耸肩，说：“是祸？是福？谁知道呢？”一个星期过去，跑掉的马复返，带回一群野生母马。这次，邻居为农夫的好运道贺，农夫回答说：“是福？是祸？谁知道呢？”后来，农夫的儿子在驯服野马的时候从马上摔下来，摔断了一条腿。人人都说运气坏透了，但农夫只说：“是祸？是福？谁知道呢？”

又一个星期过去，军队进村，凡是能找到的年轻男子都被征兵入伍。他们看到农夫的儿子摔断了腿，就让他留在了村子里。是福？是祸？

如你所见，事情是好是坏，我们永远不会知道。

如果事情的发展没能如你所愿，试着去相信，发生了的就是最好的安排。记住：宇宙友善，给你支持。这样可以让你的能量即刻增加。通过练习，这个过程可以变得越来越容易。

下面这个练习可以帮助你在事件中寻求教训和收获，打破指责这个旧习惯。

练 习

寻求教训和收获

1. 独自静坐，闭上双眼，深呼吸。
2. 回想某个让你觉得委屈或让你想要指责他人的具体情境。想象与这个情境有关的人、情境发生的背景、人们说了什么或做了什么。
3. 想象自己退后几步，离开一段距离观察这个情境，仿佛在观看荧幕上放映的电影。
4. 发生的事有哪个部分是你能负责的？你是否忽略了一些信号，而且你原本应该从这些信号中获知出现了问题？你的某个行为方式有可能导致这个情境的出现吗？你的思想或行为是否加速了这个情境的发生？
5. 从发生的事情里你可以得到什么教训？你是不是需要更多耐心，或者更好的边界感？你是不是需要多倾听，少说话？
6. 问问自己，如果发生的事是为了实现更高的目标，那会是什么？你能在这件事中寻得收获吗？
7. 得到教训或收获后，你可以做的最重要的改变是什么？请你写下来。

赋予你生活自主权的快乐习惯之三：与自己和解

让我猜猜看，你与多数人一样，生活中有些事情并不如意，因此你会责怪自己。这件不如意的事可能是婚姻或生意失败，或是孩子遭遇困难；也许是你伤害了某人，或被某人伤害。和指责他人一样，责怪自己也会夺走你的快乐，让你产生羞愧感和内疚感。当我们试图吞下这些不快的感觉时，我们要消耗许多能量。这些感觉慢慢地侵蚀我们，破坏我们体验持久快乐的能力。

要做到与自己和解，重要的是接受自己一直回避的感觉，放手过去，释放能量。一旦你做到了，你就可以在生活中勇往直前，感受能量增加，体验更大的快乐。

下面扎伊纳布・萨勒比的精彩故事为我们提供了一种与自己和解的方法。扎伊纳布是我采访的快乐百人之一，她是作家、社会活动家、女性互助国际组织（Women for Women International）的创始人和首席执行官。

说出我的故事

20 世纪 70 年代我在巴格达郊区长大。父亲是伊拉克航空公司的一名飞行员，孩童时代我游遍世界各地。跑车和芭比娃娃都是我的玩具，我对未来有无限梦想。我 11 岁时，伊朗与伊拉克之间的战争爆发，情况发生了变化。那时，我第一次看到军用飞机，目睹防空射击，街上到处都是士兵和枪炮，导弹落入平民家中。我记得父母讨论是应该全家（我的两个兄弟、父母和我）睡在同一张床上，在炮弹击中我家房子时死在一起，还是继续睡在各自的卧室，过正常生活。生活已经不是正常的生活，有时让人感觉恐惧和危险。然后一夜之间，因为父亲成了萨达姆·侯赛因的私人飞行员，生活变得更危险了，极度危险。

父亲不能拒绝这份工作，拒绝意味着牢狱之灾，甚至是死刑。因此，我们尽量回避这层关系，但是萨达姆像毒气一样慢慢渗入我家，我们的生活完全被他控制。最终，我们的一切都与父亲的工作扯上了关系。我们家被称为“那个飞行员的家”，我们生活的街道被称为“那个飞行员住的街道”，最糟糕的是，我一直被称为“那个飞行员的女儿”。

和所有伊拉克孩子一样，我被要求称呼萨达姆为“阿莫”（阿拉伯文的“叔叔”）。但与其他伊拉克孩子不同的是，我常常和家人一起受邀参加在萨达姆宫殿举行的宴会。身处萨达姆的核心集团，我们危机重重。母亲吩咐我不要放松警惕。很多次，我们坐在萨达姆的卧室交谈，他会随意地提到杀死了某个家庭成员、朋友或同事，然后仔细地观察我们。如果说错话或表情不对得罪了他，我们可能遭遇灭顶之灾，所以我学会了根据他的反应调整自己的反应。如果他表情严肃；我也表情严肃，如果他微笑，我也微笑。很多年，我们一家人在萨达姆及其疯狂行为带给我们的恐惧中过活。

快20岁的时候，母亲要我接受一个素未谋面的男人的求婚，那个男人是伊拉克侨民，生活在芝加哥。我大为惊骇，和我不爱的陌生人结婚完全背离了父母曾经对我的期许，他们曾说希望我拥有爱、热情和选择自己生活的自由。一开始，我拒绝了母亲的要求，母亲因此痛哭欲绝，极力恳求我，最终我答应了婚事，最主要的原因是想让母亲开心。那时我不知道的是，母亲担心萨达姆可能对我有意思，所以她拼命想让我离开伊拉克，远离萨达姆的控制。这件事母亲瞒了我十年。

我们一家人飞往芝加哥参加婚礼。看见我未来丈夫的第一眼，我心里一沉，他对我完全没有吸引力。但是，他告诉我他会努力做一个好丈夫，我可以完成在伊拉克没有完成的大学学业，拥有自己的事业，然后，我们可以慢慢学习相亲相爱。

短短几个星期，我便发现，我的新婚丈夫完全没有要兑现承诺的意思。他几乎不给我钱，不许我用车，也不让我上大学。好几个月，我感觉自己被困、被迫害、被侵犯，就像是一个签了卖身契的仆人，在家里不被尊重，惨遭语言和情感虐待。我不停地告诉自己情况会变好，但事与愿违。一次丈夫对我的性暴力成为压垮我的最后一根稻草，让我不但在身体上而且在精神上都伤痕累累。事后，我硬撑着身体，吃力地去淋浴间冲澡。

站在淋浴间，我一边抽泣，一边任由热水重重地拍打在自己身上。我打包好自己的东西，带上仅有的400美元，给住在同一地区能帮我逃跑的妈妈的朋友打电话。

在那之后，情况开始好转。我搬到一座新的城市，开始上学，结交新朋友。我把发生的所有事抛在了脑后，包括因为战争满目疮痍的童年、在萨达姆阴影下生活的日子、饱受虐待的婚姻。我把自己经历的所有的痛苦、恐惧和创伤放进盒子，深埋心底。我永远都不想再看见或想起这个装满痛苦、恐惧和创伤的盒子。这个时期，虽然我时常拥有快乐的瞬间，但是总有一部分的我是极度悲伤的。

1992年，我再婚了。这次，我嫁给了一个出色的男人，我在求学期间遇到并爱上了他。为了度蜜月，我们一起存钱，这时我读到了一篇杂志文章，文章上说成千上万名波斯尼亚和克罗地亚妇女在战争期间被关在“强暴营”里。照片里女人的脸触动了我内心深处的痛苦，我开始抽泣起来。我的丈夫冲进房间想弄清出了什么问题。我向他解释哭泣的原因，他将我拥入怀中，我们一起痛哭。我们想为这些妇女尽些绵薄之力，但是找不到任何正在帮助她们的组织，于是我们决定自己行动。我们拿出为蜜月旅行准备的存款,在蕾丝教堂的支持和帮助下，前往克罗地亚提供帮助。

我们得到的回应让我们应接不暇，很快我就知道这是我应该做的事。我们的克罗地亚之行成为女性互助国际组织的发端，如今，这个组织为各地战后幸存的女性与美国女性搭建桥梁，后者每月给前者寄一封信和一小笔钱，帮助她们重建生活。我走遍世界，与成千上万曾经遭受残忍暴行和强暴的妇女倾谈，鼓励她们说出自己的故事。我一次又一次看到，分享经历让女人们开始治愈创伤，帮助她们完成从受害者到幸存者，最后成为积极公民的转变。

2003年，萨达姆被捕，我决定写一本书，讲述伊拉克妇女曾经和现在的遭遇。我本无意探究自己的创伤，但是有一天，我的代理人打电话给我，说："你真应该把你的经历写成书，你就是故事。"

我哭道："不是的，这本书要写的不是我，是其他女性。"我用尽每一个借口，但是在我因为暴露自己深藏已久的痛苦和创伤而与自己交战时，我内心总有一股深深的愤怒和恐惧。说出我自己的故事，将会破坏我向全世界展现的，我自己也深信不疑的身为女强人、女权主义者和女权拥护者的个人形象。最重要的是，我坚信，如果我告诉大家我认识萨达姆·侯赛因，我的个人身份、信念和成就都会消失，萨达姆会控制一切，一如从前我生活在伊拉克的时候。

打完这通电话几天之后，在刚果执行女性互助国际组织的一项工作时，我迎来了转折。两个小时里，我和一个名叫纳比托的女人坐在一起，纳比托描述了她在战乱期间的遭遇。她的遭遇可怕却又平常。士兵们强暴了纳比托和她的女儿们，还命令纳比托的一个儿子强暴自己的母亲，当她的儿子拒绝时，士兵开枪打伤了他的腿。听着纳比托描述的细节，我禁不住浑身颤抖。她说完自己的遭遇，看着我说道："我从来没和任何人讲过这段经历，你是唯一一个。"

纳比托这番话给了我很大的触动。她在告诉我她的故事，而我却因为太害怕而不敢讲出自己的故事。于是，我问她："你希望我怎么做？我的工作是写出你的故事，让全世界知道。我要保密吗？我是不是不应该说给任何人听？"

她直视着我的眼睛，面带微笑地说："如果我向全世界说出我的遭遇，也许可以避免其他女性经历与我同样的遭遇。好啊，你写出来，告诉给全世界吧，只是不要让我的邻居们知道。"

这一刻是我人生里最羞愧的时刻。我上了车，开车从刚果前往卢旺达，整整5个小时的车程，我都在失声痛哭。我忍不住想起纳比托，她目不识丁，无家可归，除了别人送给她的一条裙子和她自己用废料做的一双鞋，她再无其他。但是与我相比，她拥有的同情心和勇气强大了不止一点点。她不但愿意承认自己的故事，愿意开启内心装着所有痛苦和创伤的盒子，而且愿意让世界知道这一切，如果这样做可以帮助哪怕一个女性避免遭受她所遭受过的痛苦。

尽管我仍然有很多恐惧的理由，但是我知道母亲是在沉默中死去，祖母亦是如此。我不想再做另一个在沉默中死去的女人。到卢旺达的宾馆后，我发了一封电子邮件给我的合著作者和出版代理人，我告诉她们："我愿意写出自己的故事。"

我开始写自己的故事，一层层揭开痛苦的真相和情感。最终，这个过程成为我生命里最让我感到解脱的经历。我真心相信，开启内心深处装满痛苦和创伤的盒子，掌控内心曾经遭受的痛苦情感，是自我治愈、获得平静的实现之法。

如今，我内心曾经的痛苦已经不在。现在的我内心如水晶般晶莹剔透。我吸气时，气息可以贯通我的全身。和自己相处，我感到非常自在，生活的快乐也从未像现在这般强烈。

我已经目睹太多生死。生活是如此美好，就像你咬下第一口苹果——声音清脆，汁液充沛，味道香甜。啊，我爱生活！

我真的相信，我曾经经历的所有不幸带给我今天的幸运和今天快乐的生活。如果有人害怕说出自己的故事，我要用我个人的经历告诉他们，说出自己的故事会带来大大的收获——内心的平静，以及随之而来的轻松和快乐。

* * *

崭新的开始

与自己和解的方法有很多。如果像扎伊纳布一样，你因为之前发生的事情受到精神创伤，你可能需要释放自己压抑的情感，学习接受自己的过去。有研究表明，与说出个人遭遇的人相比，掩盖精神创伤的人寿命更短，健康状况更差，生活更不开心。

另外，很重要的是，不要陷在这些情感里。据文化人类学家安杰利斯·阿里恩说，很多原住民文化鼓励人们在遭遇痛苦经历或遭受创伤之后“说出自己的故事”，但是不能超过三次。这些文化认为，为了释放痛苦，与爱你、支持你的人分享经历很重要，但是如果重复三次以上，你便受困于受害者的精神世界里。与自己和解就是自我疗愈，就是解放自己，并使自己向前迈进。

有些时候，人们因为羞愧而觉得痛苦，不是因为自己身上发生的事，而是因为对自己过去的行为感到后悔或内疚。如果内心的声音一直高声提醒你“做过这件事之后你就不配得到快乐了”，你很难感到开心。不停地用过去评价自己就像是负重前行，会消耗很多能量。皮层场再教育（Cortical Field Reeducation）创建人哈里特·高斯林告诉我：“如果你能够区分承担责任和自我指责，就可以随心所欲地做出新的选择。这就为真正的自我宽恕提供了可能。”在这样的情况下，自我和解可能意味着要做出补偿。虽然不能改变过去发生的事，但是只要一点创造力，你通常就可以找到补救的方法。举例来说，如果你借了别人的钱但是一直没还，你可以现在还钱，可以一次性偿还，也可以分期偿还，如果你愿意，也可以匿名偿还。如果你找不到借给你钱的人，你可以捐出同等金额的钱给慈善机构。补救之后获得的轻松感和能量感会让你感到惊喜。

心身魔术

过去十年，我对快速发展的能量心理学说萌生了巨大的兴趣。能量心理学说包含了一系列前沿的、可以让人摆脱旧的受害者模式和判断模式的心身疗法。心理治疗师、医生和普通民众都在使用的心身疗法由一些姿势和动作组成，而这些姿势和动作如同调节开关，可以帮助我们恢复适当的能量平衡。心身疗法通过经络清理身体精微能量场里的阻塞物。数千年前，古人就已经发现经络是人体的能量通道。潜意识控制 90% 的人类行为，心身疗法还会改写潜意识程序，在中枢神经系统中建立新模式，提升人们幸福感。一些心身疗法几分钟内就可以完成，无须正式培训，自己就可以做。

现在有记录的受益于能量心理学说的案例已有数千之多，有数百项与此相关的新研究正在进行当中。在我采访的过程中，《基因中的精灵》（*The Genie in Your Genes*）一书的作者道森·丘奇博士提到了新近完成的美国国立卫生研究院的研究项目。这项研究由美国凯撒医疗集团开展，研究发现某个心身疗法在帮助人们成功控制体重方面有奇效。当人们消除限制性的模式和信念，他们就会与那个生气勃勃、精力充沛、强大自主的自我有更紧密的联系。

一些简单有效的练习包括生物能量同步疗法（B.E.S.T.）、情绪释放疗法（EFT）、塔帕斯穴位指压疗法（TAT）和

Psych-K 技术。

最近，我从米尔顿·西奥多·莫特医生那里了解到了生物能量同步疗法。莫特是脊骨神经科医生，心身健康领域的先驱，生物能量同步疗法的创立者，快乐百人之一。对莫特医生的采访是我所有采访中气氛最活跃的一次，72 岁的莫特医生像 35 岁的人那样欢乐活泼、精力充沛、生气勃勃。一天晚上，我们一边享用美味的意大利晚餐，莫特医生一边向我讲述他引人入胜的人生故事和快乐哲学。他教给我“莫特能量步法”时，我兴奋不已。“莫特能量步法”（M-Power March）是莫特研究出来的一种生物能量同步疗法练习，可以帮助人们消除阻挡他们快乐的障碍。（我将在下文与你分享这个练习。）

根据莫特医生说所，这个步法练习可以重置中枢神经系统，清理潜意识里的障碍，让你心怀宽恕。这个练习涉及上半身和下半身、左半身和右半身的同步运动，让中枢神经系统处于更加平衡的状态，从而可以更有效、更高效地处理思想和情绪。这个练习就如同“清理电脑”，因此我们可以重新编辑程序，以新的方式处理潜意识信息，如以前的创伤和遗憾。“莫特能量步法”是一个可以帮助我们改变受害者模式和判断模式的好工具。这个时长 3 分钟的简单练习以及其他生物能量同步疗法练习已经对我产生极大的效用，让我感觉自己在生活中拥有更多的力量、更加自主。不仅如此，这些练习都非常简单，容易操作。

练　习

莫特能量步法：与自己和解

1. 身体站直，保持警醒但舒适、放松的状态。
2. 左脚向前迈出一大步，右脚稳稳立于地面，双脚脚尖向前。左膝微微弯曲，保持右脚脚跟不离开地面即可。
3. 迈出左脚同时，举起右臂，与地面成45度角，左臂自动后摆，保持身体平衡，继续伸展左臂至45度角左右。你现在的姿势应该是左腿、右臂向前，右腿、左臂向后。
4. 现在，向右臂一侧摆头，向上看。闭上双眼，充分伸展。
5. 保持伸展姿势的同时，想一件你感觉后悔、羞愧或内疚的事。深吸一口气，心中想着宽恕的感觉。屏住呼吸，保持姿势不变，坚持5~10分钟。
6. 呼气，以相反方向重复整套动作。将这组动作做3次。

小结和快乐行动步骤

要奠定内心快乐家园的基石，需要掌握自己的快乐。具体做法是：不再做受害者，专注解决办法，在发生的事情中寻求教训和收获，与自己和解。按照以下行动步骤去养成赋予你生活自主权的快乐习惯：

1. 每当你指责、羞愧或抱怨时，就在篮子里放2元钱，坚持一个星期。每天统计当日收集的钱数，看看你在这个星期内取得了什么样的进步。将这笔钱用于家庭远足活动，或者捐给慈善机构。
2. 做一个实验：快速改掉坏习惯。看看你是否可以在一天内不指责、不抱怨、不羞愧。
3. 发现自己抱怨的时候，使用“寻解导向法”。
4. 戒掉指责的习惯，每天找一件不合你心意的事，进行“寻求教训和收获”练习。（如果找不到不合心意的事，那么恭喜你，你就快要做到快乐无须理由了！）
5. 与自己和解，或者改变受害者模式，每天练习“莫特能量步法”3分钟。

构筑内心快乐家园接下来的四个步骤是树立四个支柱，即学习与思想、心、身体、精神有关的快乐习惯。房屋的支柱或角柱通过墙体相互连接，同样的，人的思想、心、身体、精神也是紧密相连、密不可分的：思想影响生理，情感影响思维，等等。为了方便说明，我把生活的这四个方面分为四章，因此也导致了些许武断的区分。阅读这几章的过程中你会发现一些步骤重叠，这是因为我们生活的这些方面相互联系，改善其中一个方面也会增进其他方面。

第4章

快乐家园的思想支柱——不要全盘相信自己的想法

思想是自主的，能把地狱变成天堂，也能把天堂变成地狱。

——约翰·弥尔顿（John Milton），英国诗人

我曾经听一位德高望重的智者演说。一位身穿价值3000美元西装、脚踩名贵皮鞋、身上挂满金饰的男子问智者："我要放弃什么才能得到真正的快乐和内心的平静呢？"

智者回答说："我的回答里既有好消息，也有坏消息。好消息是，你不需要舍弃你拥有的任何物品，贫困并不是获得快乐的途径。坏消息是，你要做的对你来说可能比舍弃物品更难。你必须放弃的是你的思维方式。"

放弃我的思维方式？这岂不是让我停止呼吸吗？其实，这并没有听上去那么难。从我的研究、我自己的经验和我对快乐百人的采访中，我学到了一些改变思维方式的有效方法。本章我将会告诉你一些方法，让你的思想可以带给你快乐，而不是阻碍你快乐。

可怕的思维数学

你一天会遭遇几次消极想法的伏击？

"我不够好。"

"我丈夫（或妻子）不爱我。"

"我不喜欢自己的样子。"

"我担心付不起账单。"

"我女儿不尊重我。"

"我怎么这么蠢。"

"我无法忍受这份工作。"

如果和多数人一样，那么你被伏击的次数可能有很多。这么多消极想法出现在我们脑海中，我们很难保持快乐的心情。我们的思想由各种想法、信念和自我对话组成，一直处于"开启"状态。根据科学家的说法，我们每天都会产生60000个想法。也就是说，在非睡眠时间里，平均每秒钟产生一个想法。难怪一天结束的时候我们会感觉如此疲惫！

更让人震惊的是，这60000个想法中有95%是在重复昨天、前天和大前天的想法。人的思想就像是一台一遍遍重复播放同一张唱片的电唱机。

然而，更糟糕的是，有数据显示，每一个普通人80%的习惯思维都是消极的。这意味着每一天大多数人会有45000多个类似上文提到的消极想法！世界知名精神病学家、脑成像专家丹尼尔·亚门博士称之为“自动消极想法”，简称ANTs。

毫无意外，思想中充斥着自动消极想法，会对人的生理产生严重影响。美国国立卫生研究院的研究人员以及其他机构研究人员测量了大脑的血流量和活动模式，结果发现，消极想法会刺激与抑郁和焦虑有关的大脑区域。相反，积极想法会对大脑产生镇定、有益的影响。消极想法如同我们身体里的毒药，而积极想法像良药。从下面的图中，我们可以看出思维如何让我们的能量增加或下降，从而影响我们的快乐体验：

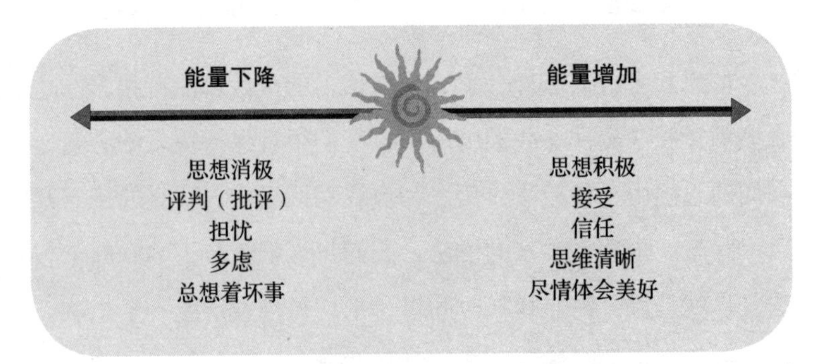

关于想法的真相

从好的方面说，我们要想每天不因为成千上万个消极想法而沮丧、失落，并不需要费力去消除每一个想法。有一个更简单的办法，其奥妙在于我们要接受这样一个令人惊讶的事实：

你的想法不一定都正确。

这听起来很简单，但事实上，这个革命性的观念需要视角上的重大转变。我们习惯于相信自己的想法都是正确的，并且不假思索地回应这些想法，以至于我们自己几乎都意识不到这一点。我还记得多年前我第一次发现这个事实时的情况。

当时我在一个挤满人的宴会厅给 450 人做报告。我手心冒汗，心跳加快——我搞砸了。我这么笃定，是因为坐在第三排的一位男士给了我非常明确的信号。他双手抱胸，身体僵直地坐在那里，对我讲的笑话毫无反应，甚至连会心点头的动作都没有。我看到的那是白眼吗？我感觉胃里一阵阵翻腾。他讨厌我现在做的事，他讨厌我。结束报告的那一刻，这位男士径直朝讲台走来，我吓坏了，已经准备好迎接他对我糟糕的报告的严厉批评。

然而，我预想的事情并没有发生。这名男士直接走到我身边，伸出手，说道："非常感谢！你的报告改变了我的生活。"说这话时，他声音低沉沙哑，很是激动。

这个结果真是让我始料未及——他根本不讨厌我的报告，是我的消极想法吓到了自己。那一刻，我意识到，不管逆境还是顺境，一直伴随我的想法不一定总是正确的。这点对所有人来说都是如此。我们意识到这一点之前，无法做到快乐无须理由。

你不会相信听到的每一件事吧？当然不会。你也不会相信读到的每一句话。在当今这个时代，因为特效和图像处理软件的存在，你一定也不会相信看到的每一个画面。所以……

不要全盘相信自己的想法！

想法只是大脑中神经化学活动形成的能量包，可以通过电脉冲和波频测量出来。想法不一定总是对事实的准确描述，但是大脑还是会继续传递这些想法。当你意识到自己的消极想法，并且明白你不一定要相信这些想法，消极想法制造痛苦的能力就会大大降低。

你是否想过，究竟是什么原因导致消极想法紧跟我们不放？我们天生如此。究其原因，这与原始时期人类的生存机制有关。

尼龙搭扣和特氟龙[一]涂层

穴居人甲和他的太太为了能活得久且把他们的孩子养大

[一] 特氟龙是杜邦公司使用在其一系列氟聚合物产品上的商标。其中最著名的是聚四氟乙烯，被誉为“塑料王”。——译者注

成人，必须对潜在的威胁而不是积极事件加以关注，这样才可以避免史前时期存在的危险，如被剑齿虎吃掉。这种对消极事物的选择性关注让甲先生一家得以活命。如果想活得久一点，最好能积极应对可能威胁生命的每一件事（哪怕最后被证明是无害的），尤其不能忽视真正致命的危险。我们的祖先都是部落里的“紧张大师”和“担心大师”，而对潜在危险放松警惕的那些人通常都活不长，没有办法生儿育女并把基因传下去。

如今，虽然我们不再需要警惕老虎——至少在我生活的地方不需要——但是我们仍然同以前一样，关注消极的事情多于关注积极的事情。心理学家、脑科学家里克·汉森博士在接受采访时向我解释，我们的大脑对于消极事物就像尼龙搭扣，对于积极事物就像特氟龙涂层。消极的经历就像尼龙搭扣一样黏着我们，而积极的经历就像特氟龙涂层一样粘不住。研究人员发现，很多次积极经历才能战胜一次消极经历！遗憾的是，这样的脑神经回路会给我们的快乐带来灾难性的影响。

“不，我不认为你是疯子。
和我们多数人一样，你只是错误编程的受害者。”

还记得我之前提到的做报告时我的思维活动吗？必须承认，无视其他449个听众在整个报告期间的大笑、微笑、点头认可等反应，唯独关注那个我错误地以为不喜欢我的报告的人，这可真是一种特殊的才能。我很肯定你也注意到这个问题了。如果你收到了10000个赞扬和1个辱骂，你会记住赞扬还是辱骂呢？也许你和多数人一样，会因为这唯一的辱骂而闷闷不乐地想上好几个小时，最终忽略大量正面信息。这种更多关注不安想法和负面经历的倾向被心理学家称为“消极偏见”（negativity bias）。

在一项测量实验对象负责处理传入信息的大脑区域的脑电活动研究中，美国芝加哥大学心理学家约翰·卡乔波博士证明了消极偏见的存在。卡乔波博士给每一位实验对象看了三类照片：第一类照片包含靓车、美食等内容，引发了积极情感；第二类照片含有阴森恐怖、令人不安的画面，引发了消极情感；第三类照片上面是碗碟、烘干机等日常物品，只引发了中性情感。当实验对象看到他们认为消极的图像时，他们的大脑活动的电波高峰大幅升高。引发消极情感的内容在大脑里留下的印象更深。

研究人员开始明白消极经历强“黏性”背后的生理原因。人脑中引起“非战即逃”反应的警报系统杏仁核与此有关。要了解这个过程，我们需要穿上白大褂，走进实验室，仔细观察大脑的运作方式。

肾上腺素和过度活跃的杏仁核

接下来本应该是反复翻阅字典、使用大量术语，用精准的科学语言详细解释一番的时候，我不知道你的情况如何，这样的解释却会让我的目光呆滞，让我的大脑想要去巴哈马群岛度个长假。因此，请允许我非常简要地描述杏仁核这个大脑警报系统以及杏仁核对我们身体的影响。

每次杏仁核发出“非战即逃”的信号时，身体都会立即提高心率，释放大量肾上腺素，让大量其他应激激素迅速进入血液。根据美国加利福尼亚大学尔湾分校的吉姆·麦高博士的最新研究，与快乐时产生的激素相比，肾上腺素会在大脑中制造更深刻的记忆。也就是说，令人不安的经历有超强的化学效果，在你记忆中停留的时间要远远长于快乐的经历。

让这个问题进一步加剧的因素是我们很多人的杏仁核反应过度，太容易也太过频繁地导致肾上腺素分泌。科学家称这种情况为杏仁核过度活跃，科学家还称杏仁核过度活跃是快乐的最大障碍。杏仁核过度活跃的人往往会脾气暴躁，容易恐慌，而且通常会小题大做。最典型的就是我们中间那些喜欢大惊小怪、暴跳如雷、自寻烦恼、抱怨不停的人。

杏仁核过度活跃时，大脑中的消极神经通路会变宽。我们大脑中的消极思想泛滥，致使我们忧心忡忡，一遍又一遍想象我们不想发生的事，最终导致焦虑和不愉快。我们为自己叙述的事情都是基于我们挥之不去的、老旧的信念。

杏仁核过度活跃对我们的健康也有负面影响：如果杏仁核不停地开启“非战即逃”开关，体内分泌的应激化学物质就会不断累积。当今世界，我们祖先曾经面对的剑齿虎已经被其他事情取代，如险些在高速公路上发生的交通事故、与老板或同事之间的冲突、与配偶之间的争执。虽然这些日常发生的状况会导致与“非战即逃”警报系统相关的应激激素的分泌，但是并不需要我们迅速冲到安全地带或者把某人打倒在地，而分泌的化学物质也无法像以前那样被消耗掉。这些化学物质留在体内，并在体内积累，导致我们疲倦和罹患疾病。大脑警报系统过度活跃会损害身体健康，极大地降低幸福设定点，除非我们学会自控。

让大脑掌握新技巧

虽然我们的大脑对消极事物生来就像尼龙搭扣，虽然我们的大脑生来就有一个高度敏感的警报系统，但是提升快乐感仍然是有希望的，因为大脑具有可塑性。大脑可以学会新技巧。改变思维可以改变大脑，甚至可能改变基因。

美国威斯康星大学情感神经科学实验室主任理查德·戴维森博士的研究证明，新的、不同的思维方式可以创造新的神经通路。我们改变思维方式，以此让自己快乐的时候，消极神经通路就会变窄，积极神经通路就会变宽，我们就会更容易、更自然、更多地去正面思考。

很长一段时间，人们普遍认为有关幸福设定点的基因构成（幸福设定点有 50% 由基因决定）不可改变。但是，分子生物学家布鲁斯·利普顿认为，我们的基因并不像我们想的那样不可改变。他的研究显示，我们的基因会受积极想法和消极想法的影响，这也又一次表明思维方式可以重新设置幸福设定点。我说的不是一厢情愿的想法，也不仅仅是想变快乐的决定，这些像是在痛苦上贴一个笑脸或者在焦煳的蛋糕上撒一层糖霜，不好的东西还在。我说的是进入新皮质这个高级脑中枢，扭转消极偏见，控制大脑警报系统。

让新皮质活跃起来

根据最新研究，新皮质位于脑前额叶左侧区域，是快乐存在的地方。有研究显示，快乐的人新皮质这个区域高度活跃，易焦虑、恐惧、抑郁的人前额叶皮质右侧区域更活跃。

在快乐这件事上，人是不能愚弄大脑的。心理学家、世界知名脑电波专家詹姆斯·哈尔特博士告诉我，快乐的人和不快乐的人的脑电活动不同。哈尔特博士的研究表明，对杏仁核发出的可怕信息反应较弱的人，会产生阿尔法脑电波，即大脑快乐的信号。

快乐的人不会满脑子消极思想，也不会持续进入“非战即逃”模式。相反，他们的习惯更容易让他们的高级脑中枢，即新皮质产生反应。从对快乐百人的采访中我发现，他们并不全盘相信自己的想法。

- 他们对自己的消极想法有更多疑惑。他们会质疑大脑的警示，必要时介入控制。
- 他们不会与消极想法抗争。他们明白消极想法通常只是消极偏见的副产品，他们知道自己可以越过大脑，放下消极想法。
- 他们更在意积极想法，尽情体会积极经历。

以下是三个快乐习惯，这些习惯可以帮你建立新的神经通路，让你的新皮质更容易产生反应：

强化积极想法的快乐习惯

1. 质疑自己的想法。
2. 越过大脑，放下消极想法。
3. 让大脑倾向快乐。

强化积极想法的快乐习惯之一：质疑自己的想法

不快乐的原因只有一个，那就是你头脑中的错误信念。这些错误信念普遍存在，被普遍认同，所以你从未想过质疑。

——安东尼·德·梅洛（Anthony de Mello），心理治疗师

怎样才能判断大脑告诉我们的是否是真相呢？答案是提问！当你对自己的烦恼保持怀疑态度，不去相信这些烦恼的基本假设时，一场情绪风暴就这样令人惊奇地简单化解了。

不全盘相信自己的想法是明智的，接下来这个故事就是很好的证明。快乐百人中的布鲁斯·弗雷泽（化名）在采访中描述了他如何学习质疑自己对生活中所发生事件的想法从而摆脱痛苦的历程。

不是真相

我和妻子已经结婚20多年，有一个19岁的女儿。我们拥有我一直以来都认为是绝对可靠的承诺，即使不是为了维系婚姻，至少也可以让我们把每件事谈个透彻明白。如果我们真的要离婚，我肯定那也是在我们长期共同努力解决问题之后才会做出的决定。

我知道过去两年情况艰难。由于工作原因，我暂时去了另一座城市，我们远隔两地，一个月见面两三次。这个情况不够理想，但是我真的以为我们可以顺利渡过难关。

但是，我们没有。

一个周末，我回到家，妻子说要和我聊聊。她开口说道：“我最近一段时间想了很多，我不想再继续我们的婚姻。”

我看着她，难以置信。她刚刚说什么？

妻子继续说道："当然，我还爱你，希望我们可以做朋友，但是我想离婚。"

"离婚"这两个字狠狠击中了我，让我一时无法呼吸。虽然震惊之中的我有些头脑不清，但是我清楚，她刚刚不是说我们需要聊一聊离婚的事，而是她心意已决。她是在告知我们的婚姻结束了。

我无法相信她不愿意叫上我一起商量这样一个改变人生的重大决定。整个周末，我求她、和她谈条件，放声痛哭，尝试了一切办法想让她回心转意。

接下来的一周，情况更糟。我的妻子在离婚问题上毫不动摇，最后她终于承认她有了别人。这就是她完全不想尝试挽救婚姻关系的原因。她只想退出，和她的新欢在一起。

我一蹶不振，感觉自己遭到背叛，没人爱，也不招人爱。她怎么可以这样对我？绝望的心情开始影响我的工作和健康，特别是我的心理健康。绝望中我报名参加了一个为期9天的研讨班，这个研讨班应该可以帮助我改变处理自己想法的方式。上课之前我们要回答一个问题："如果用1分到10分给自己的快乐打分，你打几分？"我的快乐水平为历史最低点，我选择1分。

开始的两天，我只是坐着静静地听。事情发生时，我们的脑海中会产生关于这些事情的描述。实际上，让我们痛苦的不是事情本身，而是我们对事情的描述。因此，当我们发现自己因为发生的某件事情不开心时，我们要质疑我们脑海中产生的描述，看看这个描述是否属实。这是我在研讨班上听来的，说得很有道理，但是因为伤心我已经麻痹，我做不到。

上课的第三天，事情似乎完全没有希望了，我开始用研讨班主讲老师推荐的方法质疑我自己对事件的描述。

我问自己："我对这件令人遗憾的事情的真实想法是什么？"

很快我有了答案："我妻子不应该这么做。因为她的背叛，我失去了家庭，我再也不会开心了。"

不知为什么，在那一刻，原本被剧痛紧紧包围的我有了足够呼吸的空间让我可以继续下去。我又问自己："这些是事实吗？"

感觉是事实，但是我进一步提出质疑。"我真的确定她不应该这么做？我真的确定我再也不会开心了吗？"

让我感到意外的是，我对这两个问题的答案都是否定的。

有一瞬间，我惊呆了。我已经打破过去几周一直在持续的思想—痛苦—思想—痛苦—思想—痛苦的无限循环。我几乎放声大笑。没有了如鼓点般不断出现的悲观想法，我感觉自己安静、平和。

我发觉，如果用更开放的视角看这个问题，我不知道现在发生的事究竟是"福"还是"祸"。我没有能力去判断她是不是应该这么做。突然之间，我这段时间对这件事的想法似乎都不可信了。面对“被毁掉的”未来的恐惧消失不见了，取而代之的是兴奋的感觉。我想：或许未来会比过去更好！

这一刻的光明（顿悟）和憧憬持续了几分钟，然后我又想起妻子和别的男人在一起这件事。突然迸发的痛苦和愤怒涌上心头。她怎么可以这样对我？

因为刚才几分钟的释然，我对自己头脑中形成的对该事件的描述已经不那么执着了。回想我自己的经历，我发现了另一层问题：我认为我妻子爱别人胜过爱我。

我深吸一口气，又一次问自己同样的问题：“这是事实吗？”

感觉是事实。于是，我再次更进一步问自己：“我真的确定她爱那个男人胜过爱我吗？”

“不，我不能确定。”她爱别人胜过爱我这个想法最近一直让我痛苦不已，然而我并不能确定这就是事实。一个想法——我对这个问题的答案——竟然可以决定我快乐与否，这让我感到惊奇。

这一刻我茅塞顿开。在研讨班上学到的东西一下子让我豁然开朗。事情其实很简单：我的脑海中形成的对事件的描述看起来是有理有据的事实陈述，并且引起了痛苦、悲伤等下意识的反应。但是当我仔细研究这些所谓的“事实陈述”时，我发现它们通常很难站住脚。当我意识到事件本身不是痛苦的根源时，我很震惊，同时也得到了自我安慰。

这个发现让我非常兴奋，在此后近一个星期的时间里，我非常热切地继续质疑自己的想法和信念。

9天的研讨班结束时，我已经不再是初来时那个绝望的受害者。此时的我内心平静、安详，充满接纳感。我已经懂得，我的痛苦一直都来源于我自己对过去事件的描述。现在，我唯一感兴趣的只有当下。多么自由！

从研讨班回来后，我给妻子打了电话，告诉她我愿意放手。我主动提出会尽全力让这段时期过得容易一些。我甚至跟她说，如果找到更好的伴侣，她应该争取。我说这话是真心实意的。

一年后，当时那种自由的感觉还在。一些残余的悲伤还是会时不时地喷涌而出。但是，我一旦发现自己开始自言自语地诉说我失去了什么、这意味着什么，就会马上止步，看看我诉说的这些东西，问自己这些痛苦背后的信念是什么。一旦发现这些信念，我会探究更关键的问题：这是事实吗？一开始，我需要有意识地去做这些，但是经过练习，这些过程已经逐渐变成自发的、无意识的行为。

我记得，参加完研讨班几个星期之后，我偶然看到一张我和妻子的合照，这张照片是我最喜欢的，以前一直摆在书桌上。当我看到我们微笑的脸庞，想到我们曾经一起度过的快乐时光时，我感到一阵悲伤。我停下来问自己："此时的想法是什么？"答案是我以前最喜欢的："我再也不会这么快乐了。"我又问自己至关重要的问题："我真的认为这就是事实吗？"

忽然，我大笑起来，我想起了拍照那天的情景。那天并不是一切顺意，整个下午我们都在吵吵停停。事实是，与拍照那天相比，拿起照片之时的我更快乐。

归根结底，想法来而复往，感情关系来而复往，痛苦来而复往。我发现，如果揪着我想要什么、我需要什么的想法不放，就必然会痛苦。

如今，我已经做到了真正的内心平和，做到了放手，做到了接受事情的真相。这个简单的改变让我获得了曾经想象不到的快乐。现在，用 1 分到 10 分衡量快乐，我的快乐达到 9 分，而我正朝着 10 分迈进，永不回头。

* * *

自我质询

我们内心不安，不是因为我们的经历，而是因为我们对所经历之事的看法。

——爱比克泰德，古希腊哲学家

布鲁斯在故事里描述的自我质询（self-inquiry）方法也让我受益匪浅。自我质询法由拜伦·凯蒂提出，包括 4 个针对自己痛苦想法和信念的简单问题：

1. 这是事实吗?
2. 你能确定这就是事实吗?

3. 相信这个想法时，你感觉如何？

4. 没有这个想法，你会是什么样子？

然后采用“反转”陈述，即用一句话表达与你的想法或信念相反的意思。反转是一种方法，可以让你感受相反想法的真实性。

凯蒂从自己的人生转变中发现了自我质询法。从极度不快乐，到体验蒙恩时刻，这让凯蒂获得了永恒的幸福和平静。凯蒂是三个孩子的母亲，也是一名创业者。转变以前，她这样形容自己的状态：极度抑郁，想自杀，陷于痛苦和自我厌弃中不能自拔。有时候，她一连数日或数周不能起床洗澡或洗漱。最后，她的自尊低到极点，她甚至认为自己不配在床上睡觉，开始躺在地上睡觉。

一天早上，一个东西从凯蒂的脚踝上爬过，她醒了过来。睁开眼，她看到一只蟑螂，而就在同一时刻，她感觉身上有某样东西被唤醒。她意识到，她的一切痛苦都来自她自己对生活境遇的看法——我的生活很糟糕，我不配得到快乐——而非生活境遇本身。凯蒂开始大笑。突然之间，一切似乎都明朗了：相信自己的想法，她就痛苦；不相信自己的想法，她就快乐。而且，她发现，人人皆是如此。**所有痛苦皆源自相信我们自己的想法。**

虽然我不是美国密苏里州人，但我对事情的态度也是“证明给我看”。我想知道凯蒂是否真是快乐无须理由的人。每次在研讨班上看到她，她看起来确实都很开心。但那是在公众面前。不被众人瞩目的时候，她是什么样子呢？我决定见见她，做个采访。

凯蒂绝对让我惊叹，她是我认识的活在当下、充满爱心的人之一，是快乐无须理由的理想典范。虽然遭遇过持枪威胁、离过婚、面临过失明问题，但她仍然坚守内心深深的快乐。倾听凯蒂的故事，进行自我质询，彻底改变了我对自己的想法的思考方式。

我的好奇心一直很强，喜欢对认识的人刨根问底，质疑自己的想法对我来说并非难事。正如《天罗地网》（*Dragnet*）中经常说的："事实，只要事实，夫人。"

例如，一次我和丈夫之间发生了小口角，事后我想："塞尔吉奥对我应该少些指手画脚、品头论足。"

等一下，我想知道，这是事实吗？嗯，不确定。

我真能确定这就是事实吗？不能，这证据在法庭上肯定站不住脚。

有这种想法时，我的感受如何？我感觉能量下降。这个想法消磨我的能量，确定无疑。

没有这个想法，我会是什么样子？更自由，能量增加，更快乐。

接下来，我做了反转。我写下自己最初的想法：塞尔吉奥对我应该少些指手画脚、品头论足。然后，转变不同的说法，看看哪一个听上去是事实：

塞尔吉奥对我不应该少些指手画脚、品头论足。

我应该对塞尔吉奥少些指手画脚、品头论足。

我应该对自己少些指手画脚、品头论足。

一步步走下来，我发现自己感受到了同情，而不是横加评判。我最初的想法，即塞尔吉奥对我应该少些指手画脚、品头论足，就这样消失了。

养成质疑自己想法的习惯后，你会发现，你不需要试图控制自己的思想或排斥令自己痛苦的想法。随着时间流逝，这些想法失去了力量，不再让你生气、烦恼，你的内心变得平静、强大、开阔，你的幸福设定点自然而然被提高。以下练习可以教你使用自我质询法。

练 习

自我质询法

在下面横线上写下一个信念或看法，然后利用下列问题和反转陈述质疑写下来的信念或看法。

信念：________________

1. 这是事实吗？
2. 你能确定这就是事实吗？（长期来说，什么对你或者对他人是最好的，你真的清楚吗？）

3. 相信这个想法时，你感觉如何？（相信这个想法时，你如何对待自己和他人？）
4. 没有这个想法，你会是什么样子？（不相信这个想法时，你的生活会有什么不同？）

现在，将想法反转。

____

（这个想法同样真实，或者更真实吗？）

每一次反转，找出3个生活中的真实例子，证明这个反转陈述的真实性。这样做不是要你指责自己或者感到内疚，是为了找出可以给你带来平静的替代法。

通过自我质询，我们可以摆脱让我们感到压力的想法的影响，如“我不够好”“他不爱我”“她不理解我”“我太胖了”“我需要更多钱”“可怕的事情即将发生”。我们可以把压力、懊恼和愤怒转化成我们之前想象不到的自由的感觉。

强化积极想法的快乐习惯之二：越过大脑，放下消极想法

放下一点，就会得到一点安宁。放下很多，就会得到很多安宁。

彻底放下，就会得到彻底安宁。

——阿姜查（Ajahn Chah），20 世纪佛教大师

在婆罗洲，对于洗劫庄稼和粮仓的野生猴子，当地人有一种特殊的抓捕方法。他们在空椰子壳上挖一个洞，洞的大小刚好可以让猴子伸进一只手。然后在椰子壳里放一些大米做诱饵，再把椰子壳固定在地上。贼猴儿嗅到食物的味道，前来探个究竟。猴子把手伸进椰子壳里偷米，但是攥着大米的拳头已经没办法从椰子壳里抽出来了。如果要逃跑，猴子必须扔掉大米。因为不肯放手，这些猴子总是没办法逃脱。

我们很多人都和这些婆罗洲的猴子一样：因为不肯放手而困在消极想法里无法逃脱。而且，我们越抗拒，越摆脱不掉这些想法。摆脱消极想法没有意义，因为它们会不断地去而复返。

另一种应对消极想法的办法是越过大脑，和与消极想法相关的情感建立联系。情感才是想法在我们脑海中挥之不去的原因。如果我们欣然接受情感，接纳然后放下，想法就会奇迹般地消失。越过大脑，放下消极想法，有一个简单有效的方法，这种方法叫作“瑟多纳释放法”（sedona method）。

莱斯特的奇迹

瑟多纳释放法是 50 多年前由一个名叫莱斯特·利文森的人发现的。莱斯特是一名物理学家、成功的企业家。1952 年，42 岁的莱斯特虽然身处世俗意义上成功的巅峰，但是非常不

快乐，身体也很差。他患有抑郁症、肝脏肿大、肾结石，他的脾脏也不好，胃酸过多，胃溃疡导致胃穿孔并形成了病变。第二次犯冠心病之后，医生让莱斯特回到他位于纽约市中央公园南街的顶层豪华公寓，了此余生。

但是，莱斯特是一个喜欢挑战的人，他没有放弃，而是决定找到解决问题的办法。他躲在公寓里认真反省，找到了一种突破所有内心局限的方法。这种方法是今天人们仍在学习使用的瑟多纳释放法的基础，被莱斯特视为个人成长的终极方法。对于自己的发现，莱斯特异常兴奋，他密集使用这个方法，坚持了三个月。三个月过后，他的身体完全恢复了健康。不但如此，他还进入了一种极其平静快乐的状态，这种状态一直伴随着他，直至人生终点。莱斯特没有如医生预料的那样几周之后离世，他活到 84 岁，多活了 42 年。

放下笔

我最早是从好友黑尔·德沃斯金那里听说了瑟多纳释放法。黑尔是莱斯特的学生，现在在世界各地继续开展莱斯特的工作。黑尔是个了不起的人物，很有感染力。每次在他身边，我都非常开心。他当然是我的快乐导师之一。

遇到黑尔时，放下消极想法不是我的强项。有时候我与自己的负面想法和感受抗争，但多数情况下我都抱着负面想法和感受不放，固执地想把它们弄明白，想知道它们从哪来，意味着什么。黑尔总是和我说：“玛萨，只要做就可以了。”但是我不相信我可以这样就放下我的想法和感受。这看起来简单得可笑。

最后帮我做到的是黑尔的一次小小的示范。他向我展示如何放手。你也亲自试一试吧。

首先，找一支笔，将这支笔紧紧握在手中。这支笔代表你的想法和感受，你的手代表你的意识。

虽然紧紧握着笔的感觉不舒服，但是过一段时间，你便会感觉到熟悉或“正常”。你现在感觉到了吗？同样，你的意识紧紧抓着你的想法和感受不放，久而久之你就会习惯，甚至对此意识不到。

现在，把手张开，把笔放在掌心上搓两下。注意，笔和手没有互相粘连在一起。想法和感受也是如此。你的想法和感受不再黏着你，就像笔没有粘在你的手上一样。你不是这些想法或感受。

最后，把手翻过来，放开那支笔。发生了什么事？笔掉在了地板上。

这么做难吗？不难，你只是松手而已！这就是放手的意义。

海明威的孙女、演员玛丽埃尔·海明威同样发现瑟多纳释放法大有裨益。采访她的前一周，我约定和她在本地一家书店碰面，当时她在为自己的新书《由内而外健康生活》（*Healthy Living from the Inside Out*）做签售。玛丽埃尔漂亮、有趣、真实，是一名颇有声望的快乐人士。在采访中，她讲述了自己越过大脑，放下消极想法，体验自由和快乐的经历。

家族遗传

我的家族以创作天分、美貌、热爱户外活动和诸多问题闻名。我的祖父是作家欧内斯特·海明威，他和抑郁症斗争多年，也是尽人皆知的酗酒者。人们总是对我说："我和你祖父一起喝过酒。"在太多的地方有太多的人这样说，我深信我的祖父和这个世界上的很多人都举杯畅饮过。

最终，抑郁症和酗酒问题把我的祖父逼向疯狂的边缘。我出生四个月前，他结束了自己的生命，是直系亲属里第四个自杀的人。自此，酗酒、吸毒、精神疾病、抑郁症就一直折磨着我们家族。

虽然在很多方面我逃过了"海明威魔咒"，但是一直以来我都在克服自我憎恨的斗争中苦苦挣扎。多年来，一个可恶的声音萦绕在我的脑海中：你就是不够好。如果有朋友用这样可怕的声音和我说话，我一定不会继续和她做朋友。

我对自己的样貌尤为苛刻。我为自己的宽脸、平胸、竹竿腿感到极其难为情。我认为自己样貌丑陋，厌恶自己尖锐的嗓音。我满脑子想的都是自己的样貌，因为自己的样貌而感到困扰。

这种困扰似乎是家族遗传。关于我的祖父，有一件事鲜为人知，他曾经每天都要称体重，然后把体重记录在他住过的每个房子的浴室里的马桶边上：1945 年 3 月 8 日——185 磅（1 磅 =0.453 千克），诸如此类。我姐姐玛葛在身材方面的困扰，包括她的贪食症，大家都略有所知，这些问题很可能是她患上抑郁症并且自杀的罪魁祸首。这里不难看出灾难性的行为模式：要么发疯，要么自杀。有时是二者兼有。对于一个成长中的年轻女孩来说，可谓前景黯淡。

很长时间，我都在担心，某天早上醒来时我已经发疯，就像我们家族里的很多人一样。因为这样，我变成了一个控制狂，特别是在食物问题上。很多年，我想的都是下面一顿吃什么。这真的很令人痛苦。我告诉自己这是在浪费时间。但是，这就是我的大脑会想的事，因为我不能面对因惧怕死亡或发疯而带给我的深深的痛苦。身材和食物这些问题更容易应对，至少这些问题是可控的。

当然，我理智尚存，不至于去酗酒或吸毒——我可是海明威家族的人，这样已属不易。不过，在运动和饮食方面，我极其严格。强烈的控制欲带给我一个好处，那就是因为害怕呕吐，我没有患上贪食症。多数时候我所关注到的都是自己的消极想法，而且我认为这些消极想法永远、永远不会消失。它们就像乌云，遮住我的快乐。它们就是我生命的一部分。

很多年来，我一直靠喝浓缩咖啡过活，这损害了我的身体健康。最终，我做出了改变。我开始健康饮食，在运动方面对自己也不像以前那么严苛，但我仍然感到内心恐惧。如果生活中出了什么状况，我的控制欲就又会扬起它丑陋的嘴脸。

我想，如果我能控制我的身材和我的世界，那么我内心深处的那个一直对我横加指责的声音就会走开。但最夸张的是，我会因为自己太喜欢品头论足而批评指责自己。我消除消极想法的尝试从未成功过，结果就是我感觉更加糟糕。

后来，我学会了一种可以放下自己的想法和感受的方法，这个方法就是瑟多纳释放法。通过问自己一些非常简单的问题，我甚至可以放下最顽固的感受和想法。我突然明白，我的主要问题在于我坚信自己的想法和感受附着于我。但其实，不是这样！我的想法一直存在，是因为我在抗拒这些想法，接着又抓住随之而来的感受不放。如果我松开紧握着的手，放下，会怎么样？

真的那么容易吗？

起初我是抗拒的。每一秒我都在想我应该会更好。但是我立即发现，放手让我的消极想法和感受不再那么强烈。我问自己：“我可以放下这个感受吗？我愿意放下吗？什么时候？”这个简单的过程似乎可以缓解我面对每一个问题时的紧张感。在不断练习的过程中，我的内心逐渐放松，我不再与控制欲抗争，开始接受自己原本的样子，这让我感觉很舒心。虽然不确定其中的道理，但我知道这个方法有效。这才是重要的事。

我最喜欢的练习时间是在徒步旅行的时候。和父亲以及祖父一样，我一直都喜欢在大自然里的感觉。当我发现自己因为某件事不开心时，我通常会出去走走。

我记得有一次，有件事让我很难过，我感觉自己很糟糕，而且坚信自己一点都不好看，就是个体格壮硕的胖女人。那天阳光明媚，天气宜人，于是我决定去山里走一走。我从位于美国爱达荷州太阳谷的家里出发，一边沿着从后院延伸出来的小路向前走，一边开始大声练习瑟多纳释放法。我大步流星，自言自语，幸好身旁没人，否则他们一定以为我是个疯女人。

回到家后，我看着镜子里的自己，简直不能相信此时的我和出发之前是同一个人。我穿着同一件衬衫、同一条短裤，我的体重没有减轻，但是现在我的想法是，你看起来很漂亮，真的很漂亮。样貌没有改变，改变的只是我放下了与自我批判有关的那些感受。我很清楚自己的想法和感受的力量，也很清楚它们是如何控制我的。

尽管我有时还是会过分自责，但是自责或自我批判已经不像过去那样主宰我的生活。过去，我每 6 分钟就要自责一次；现在，每 6 个月只自责一次。过去，我饱受身体意象的困扰；现在，我想都不会去想。我还是会好好照顾自己，原因是我想这样做，而不是出于对生活的控制欲。

现在，我 45 岁，脑海中很少再出现那个可恶的声音。我善待自己，像朋友一样和自己对话。我终于明白，我的想法、感受和那个可怕的声音没有被钉在我的身体里,我学会了放下。因为放下，我发现了真正的自己，以及与生俱来的快乐。现在大多数时候，我的感觉和孩童时一样：我悠然自在地过活，不受评判，只是活着。

* * *

放下多余的行囊

玛丽埃尔与消极的自我价值感斗争的故事，会让我们多数人都产生某种程度的共鸣。对一些人来说，这个斗争关系到身体意象，对其他人来说，这个斗争涉及情感关系或个人事业。不管关乎哪个方面，“不够好”这个潜在感受破坏了我们的快乐感。停止与我们的想法斗争，学会放下，我们就可以解放自己。

和玛丽埃尔一样，我过去也认为我有责任打败每个消极思想。在本书前言提到的喜马拉雅山之旅中，我才终于明白我正在对自己做什么。当我看着身材娇小的印度妇女把我 91 磅（1 磅 =0.453 千克）重的行李箱顶在头上搬上山的时候，我领会了这其中包含的深刻隐喻。是时候放下头脑里那些多余无用的想法了！这些多余无用的想法对于我和我身边的人来说都是负担。学会越过大脑，放下想法和感受，是清除负累最简单有效的途径。

练习瑟多纳释放法

瑟多纳释放法有两个重要的前提：

1. 想法和感受不是事实，也不是你。
2. 你可以放下想法和感受。

在你的内心深处，你已经拥有你正在寻找的快乐，需要做的只是放下不开心，或者放下遮挡或阻碍快乐的因素，发掘出与生俱来的快乐。

人们往往抓着不快乐的想法和感受不放，把自己和这些不快乐的想法和感受捆绑在一起。这种倾向非常之强，在我们的语言使用上都有体现。我们感到难过的时候，通常会说“我难过”；我们感到不快乐的时候，通常会说“我不快乐”。我们认为我们依附于我们的想法和感受，我们在不断强化这个信念。瑟多纳释放法可以帮助我们破除这种依附。

以下练习包含了瑟多纳释放法的基本知识，可以教你玛丽埃尔故事中提及的那些问题的解决方法。

练　习

放手的过程

保持舒服的状态，专注内心。眼睛可以睁着，也可以闭上。

第1步：集中精神在一个问题上，你希望改善对这个问题的观感。此刻进行自我感受但不一定是强烈的感受。事实上，你所感觉到的麻木、乏味、孤独、空虚，与其他更易于识别的感受一样，也是可以轻松放下的。欣然接受自己的感受，尽量让这个感受充盈于心。

这条指令可能看起来过于简单了，但这是必要的。我们多数人生活在对过去和未来的想法、想象和臆想中，不知道此刻真正的感受。如果我们想对自己的感受做些什么，那只能是现在。如果我们想对我们的公司或生活做些什么，也只能是现在。

第2步：问问自己：我可以放下这个感受吗？

这个问题只是在问你是否有可能采取这个行动。“是”和“否”这两个答案都可以。即使答案是“否”，通常也可以做到放下。这个过程里的所有问题都是刻意简单化的。问题本身不重要，问题的目的是指引你体验放手这件事。

第3步：问问自己这个简单的问题：我愿意放下吗？

如果答案是“否”，或者你不确定，那请你问问自己：我愿意拥有这个感受，还是愿意要自由？即使答案仍为“否”，也要继续第4步。

第4步：问问自己这个更简单的问题：什么时候？

这个问题是在邀请你现在就放手。或许你会发现自己很容易放手。记住，放手是一个决定，你可以选择任何时候做这个决定。

第5步：重复前面4个步骤。

重复的次数根据需要而定，直到你对某个感受感到释然。

注意事项：你可能会发现自己每进行一个步骤就放下一点。开始的时候，效果可能微不可见，但是只要坚持，效果很快就会越来越明显。你还可能会发现自己对某个话题有不同层次的感受，所以要有耐心。不管怎样，你放手的会永远消失，你的内心也会感觉更轻松、更平静。

强化积极想法的快乐习惯之三：让大脑倾向快乐

人生如此美妙，如果我早些知道该有多好。

——科莱特（Colette），20世纪法国小说家

一天晚上，一名切罗基族老人给自己的孙子讲故事，故事讲的是人内心的争斗。老人说：“孩子，我们每个人心中都住着两只‘狼’。一只是不快乐，它代表恐惧、忧虑、愤怒、嫉妒、悲伤、自怜、怨恨和自卑。另一只是快乐，它代表开心、爱、希望、安宁、善良、慷慨、真相和同情。争斗就在这两只

‘狼’之间展开。”

孙子思索片刻，问爷爷：“哪只‘狼’会打赢呢？”

老人回答道：“你喂养的那一只。”

* * *

我们天生就有注意消极想法、感受和经历的倾向，对消极事物的注意更甚于积极事物，所以我们常常“喂错狼”。当我们的大脑对积极事物像特氟龙不粘涂层一样，快乐就会悄悄溜走。如果想要更快乐，我们就必须做一些补救，让大脑倾向快乐一边。

我第一次是从詹姆斯·巴拉兹那里听到这个说法。当时，我在上他名为“快乐觉醒”的体验课程，课程为期 10 个月，旨在开发人们幸福快乐的本能，课程内容十分精彩。第一次课上，詹姆斯告诉我们，课程内容是让我们的大脑倾向快乐。他建议我们慢慢转移关注点，把更多的注意力和精力放在能满足我们需要的想法上。

要想让大脑倾向快乐，就需要“让特氟龙涂层变粗糙”，这样积极经历就会比消极经历“粘”的时间更久。当我开始有意识地让自己的大脑倾向快乐时，我立刻发觉自己更快乐了。做法很简单，我只需要注意那些我以前从未停下脚步去留意的大大小小的快乐。我继续坚持，久而久之，我的快乐得到了成倍增长。正如吸引定律告诉我们的那样，当我们注意、欣赏我们生活中已经拥有的快乐时，我们就可以把更多的快乐吸引到自己身边。

我发觉，有一个方面我们常常很难做到让大脑倾向快乐，那就是我们的自尊。调查显示，每三个美国成年人里面有两个人是低自尊者。我的朋友莱诺拉·博伊尔是一名人生转型教练（transformational life coach）和选择法讲师。选择法（option method）是一种帮助人们消除消极信念的非常有效的方法。莱诺拉在工作中接触过成千上万的男男女女，她说，“我不够好”是最常见的限制性信念。我自己有多年担任自尊研讨班讲师的经验，我知道内心有这样一个严厉的批评者会限制我们体验快乐。

莉萨·尼科尔斯是一名充满活力的励志演说家，也是《秘密》一书的撰稿人之一。她曾经与“我不够好”这类低自尊感受抗争多年。虽然现在是快乐百人中的一员，但她曾经也要努力克服重重障碍才能快乐。从莉萨的故事里，我们可以看到让大脑倾向快乐是如何帮助她克服脑海中无数个自动产生的消极想法。

镜中人

很多年来，我都不快乐，因为我觉得我没有一手人生的好牌。我的厚嘴唇、圆形臀和摩卡色皮肤都不符合我在电影里看到的美女的理想标准。我的家庭贫困，已经符合领取免费午餐的条件。我居住在美国洛杉矶中南部，那里是低收入群体社区，犯罪率很高。

每天醒来我都感觉伤心难过。我想要拥有自己没有的东西，那些绝对不可能有的东西。我希望自己长得像法拉·福西特。不可能。我希望像我学校里的一些朋友那样，16岁的时候拥有一辆汽车。不可能。我希望住在比弗利山庄。还是不可能。为了弥补不足，我成了一个超级学生：我是田径队队长、啦啦队队长、学校年刊高级编辑、学生会成员。但这些还不够。我不好的地方远超过好的地方，至少在我心中是这样的。

因为我的思想一直集中在我讨厌自己的那些方面，所以几十年里我做了很多糟糕的决定。有时候，我和错误的对象发生亲密关系，经历一次又一次邂逅之后，我常常感觉到前所未有的空虚。

进入30岁后，我不再指望从别人那里寻求爱和接纳。一天，一个朋友告诉我“亲密”（intimacy）可以指“自我审视”（into me I see）。朋友的话点醒了我！我可以通过自我审视找到爱吗？

我开始站在镜子前，直视自己的双眼，问自己：“莉萨是谁？”答案简单而坦率。莉萨是一个有厚嘴唇、圆形臀、摩卡色皮肤和非洲式卷发的女人，是一个多年与体重斗争的女人，是一个脱离了虐待关系的女人，是一个正在寻找自己的精神的女人。

这个女人有太多可爱之处。我注视着自己的双眼，说道：“我为你骄傲……”然后，我列举了自己做过的一些了不起的事。有些是我写在简历里的，有些是我没敢写在简历里的：我为你骄傲，你从家里搬出来，自己创业；我为你骄傲，你从一段虐待关系中走了出来；我为你骄傲，你认识到自己需要控制体重；我为你骄傲，你从未说过孩子的父亲一句坏话；我为你骄傲，你为了帮助很多青少年而努力。专注这些事的感觉棒极了！

站在镜子前，我开始认可自己、喜欢自己、赞美自己。我开始赞美自己做过的大大小小的事。“我为你骄傲，你今天早上做了10个仰卧起坐。”不管事情的意义是大是小，我都赞美。我的脸上泪水涟涟，但我还是不停地说着“我为你骄傲……”，直到再也没有什么可说。

做这个练习以前，我当然也照镜子。我会仔细端详自己的脸庞，因为额头上的小包叹气，嫌弃自己的嘴唇太厚、头发太卷。我看的是外在的东西，是我觉得人们在评价的东西，也是我自己一直在评价的东西。

镜子中的影像没有变，但是现在我看到有个不一样的眼神在回视我。这个眼神在我身上寻找美丽和善良，而且找到了。这些年来，花时间尽情欣赏我在自己身上发现的美好让我变得更坚强，也让我有能力多爱别人一些。

我每晚都坚持做镜子练习，并且惊奇地发现我对镜子中的女人有如此多的爱和同情。旅行的时候，我甚至会在出租车后座上或者我身处的任何地方打开随身携带的化妆镜，对着化妆镜做镜子练习。可能有传闻说我是个有点奇怪的人，没关系。能做一个快乐的女人，这一切都是值得的。

最近一次经历让我明白这个技能是多么重要。几个月前，我买了一辆新车。次日，我开着新车在高速公路上行驶，刚刚买完新车的兴奋劲儿正浓。但是就在我驶入出口匝道的时候，汽车开始失去动力，发动机开始发出噗哒噗哒的声音。

“哎呀，我这辆全新的汽车出了什么问题？”我心想。噗哒噗哒，汽车突然发出一阵难听的响声，熄火了。

我愤怒至极，下了车。穿着时髦的高跟凉鞋，戴着名牌太阳镜，我走下长长的匝道来到位于匝道口边上的加油站。我快步走进加油站，对服务员说：“我的车坏了，你能过来帮忙看看是什么问题吗？”

加油站的服务员跟着我来到停在匝道上的汽车旁边，拧了下车钥匙，然后给了我一个厌恶的眼神，说道：“女士，你的车没坏，只是没油了。”

我很震惊，立即掏出手机打给经销商。我说：“我昨天刚刚从你们那里买了一辆车。我花了那么多钱在这辆车上，但是现在它没油了。”

销售员没有片刻犹豫，回答说：“女士，给你的油箱加满油不是我的职责。”这位销售员的回答改变了我的生活。他说的没错。顿悟时刻出现了：给我的油箱加满油不是其他人的责任，不管是汽车的油箱还是我人生的油箱。我突然明白了这个道理。

如今，我一直坚持把注意力放在我欣赏自己的地方。这样做帮助我加满了“爱的油箱”。多年来把爱的信息发送给镜子中的自己让我得到了丰厚的回报。我不仅爱莉萨，我也非常喜欢她。我知道，我要做的不是打击伤害莉萨，不是因为事情原本的样子不开心，我要做的是在人生的旅途上一直爱自己。

* * *

镜子练习

站在镜子前欣赏自己的优良品质，这种想法会不会让你感觉不舒服、很愚蠢？我曾经有这样的感觉——这说明我当时确实应该试一试。

我和本书的另一位作者卡萝尔最早是在1990年学习了镜子练习，当时我们一起参加了杰克·坎菲尔德的课程，课程为期一周，内容是关于自尊的。杰克把这个练习作为每天晚上的作业布置给我们，他说：“记得关上门做这个练习，以免路过的人看到，以为你们是疯子。”我和卡萝尔上课期间是室友，每天晚上我们轮流走进卫生间，关上门，对着镜子中的自己轻声说着甜言蜜语：“我爱你”“你很漂亮”“你有一颗爱心”。

第一晚，我感觉自己像是美国加利福尼亚州新时代的疯子，但是很快我感到一阵难过。我太擅长自我批判，说些好听的话怎么那么难？

经过练习之后，列举爱自己的原因渐渐变得不那么困难了：“你很聪明”“你全力以赴地帮助他人”等。但是，这个练习真正的作用在于我学会了不需要任何理由就可以表达对自己的欣赏——看着自己的眼睛，爱真实的自己，没有任何条件。

如果你和多数人一样，那么有意识地认可自己会让你感觉有些自大。毕竟，我们在成长过程中接受的教育都是不要自吹自擂。到头来，我们不赞赏或不认可自己，甚至更糟，我们批评、打压自己。最终，我们关闭心门，能量下降，幸福设定点降低。相信快乐无须理由的人对自己的态度是同情、鼓励和认可，这一点都不奇怪。这不是傲慢自大或以自我为中心，这是欣赏和接纳真正的自己。以同情、鼓励、认可的态度对待自己是提高幸福设定点至关重要的一步。

注意积极事物

要让大脑倾向快乐，就要特别关注快乐经历。第一步是做出有意识的决定去留意快乐经历。你可以把它变成一个与自己玩的游戏，有意去注意发生在自己身上的每一件美好的事，如积极的想法，你看到、感觉到、听到或闻到的让你感到快乐的东西，获胜经历，对某件事的突破性认识，创造力表达，等等。注意美好经历的意图可以激活网状激活系统（RAS）。网状激活系统是位于脑干基部的细胞群，负责整理外来信息，引起你对重要信息的注意。你是不是有过这样的经历：买了一辆车之后突然发现同一型号的车到处都是？这就是网状激活系统在起作用。现在，你可以利用网状激活系统让自己变得更加快乐。当你决定去留意积极事物的时候，你的网状激活系统就会确保你能看到它们。

阿德尔是快乐百人中的一位，她和我说了她在用的注意积极事物的独特方法。每一天，她都在脑海中颁奖：最守规矩小狗奖、汽车餐厅最美风景设计奖、最有礼司机奖。这个做法让她一直可以注意到周遭美丽、积极的事物。受到这个想法的吸引，我自己也做了尝试。我非常喜欢这个方法，在本节最后以练习的方式介绍给大家。

当你注意到某个积极的事物时，你可以花一点时间去有意识地体会。让这个美好的经历深深进入心底，然后感受它，不要让它只停留在你的精神层面。如果可以，花 30 秒的时间来汲取你感受到的快乐。如果想加快这个过程，你可以每天花时间写下你获得的胜利、突破以及你欣赏的别人身上和自己身上的事。这样做可以改变大脑里的力量平衡，改变大脑对消极事物和积极事物的倾向比例，让大脑倾向快乐一边。

快乐百人的一员保罗·谢勒是人类发展学专家、《天资聪颖》（*Natural Brilliance*）一书的作者。在采访中，他解释说，我们90%的想法来自无意识，如果我们利用无意识，就更容易、更深刻地关注积极事物。每一天，我们都会受到来自我们大脑无意识层面消极意象和消极信息的猛烈攻击。抵抗这些潜伏的消极信息攻击的一个有效途径就是使用Paraliminal音频。Paraliminal音频文件在我们的无意识觉知层面起作用，它使用多种声音，将音乐与已经得到科学验证的大脑技术相结合。这些通过立体声耳机收听的音频节目都经过精心设计，可同时作用于大脑，在你放松收听的过程中改变你的那些有意识的信念。我发现，收听Paraliminal音频节目是让我的大脑倾向快乐的一个非常简单的方法。

接纳让自己感觉更快乐的想法

让大脑倾向快乐这个观念与积极心理学之父马丁·塞利格曼博士所谓的“习得性乐观”非常相似。在《活出最乐观的自己》（*Learned Optimism*）一书中，美国宾夕法尼亚大学积极心理学研究中心主任塞利格曼博士用了大量研究支持自己的论点，即可以通过练习学会快乐。

我发现，练习让大脑倾向快乐的最有效的方法是接纳让自己感觉更快乐的想法。下一次你面临具有挑战性、引发消极想法和不良感受的情况时，找一个与该情况相关、具有同等真实性但是让你感觉更好的想法，然后接纳它。看到半杯水时认为杯子是半满的而不是半空的，这是判断是否乐观的经典例子，也是接纳同等真实但更让人快乐的想法的完美例证。

接下来的例子是发生在我身上的一件事，我肯定你也经历过。一天，我坐在电脑前伏案工作，拼命地想把自己所有的想法条理清晰地写进文章里。我当时有一个消极的而且会适得其反的想法：**我没办法按时完成这项工作了。**

我注意到了这个想法给我的感受：紧张、焦虑、恐慌。这些感觉让我身体不适，并且对我解决眼前的问题完全没有帮助。

于是，我搜肠刮肚地找到一些同样真实但让我感觉更快乐的想法。例如：**我总能想办法把工作完成。我可以寻求帮助。我越放松，思路才能越顺畅。**通过接纳这些想法，我让自己的大脑倾向快乐一边。我没有感觉能量下降，相反，我因为这些想法而感觉放松，感觉能量增加了。

请注意，我说的不是强迫接受某个积极的想法或者死记硬背地重复某个主张，例如在你仍然感觉自己做不到的情况下，不停地在心里重复“我可以按时完成”。这种机械式重复在某种程度上说还是在与消极想法抗争，就像是在心里大声争吵：谁会赢？显而易见，叫声最大的那个会赢。

相反，当你接纳一个让自己感觉更快乐的想法时，你不是在极力让自己相信任何事，你只是在转移焦点，把关注点从让你感觉不好的部分转移到符合事实但让你感觉更好的部分上。

正如前文故事里的切罗基族老人指出的那样，赢的是你喂养的那只“狼”。

养成喂养快乐的习惯吧。

练　习

每日快乐奖

1. 在一天当中，看看你的周围，目的是颁奖。
2. 要有创造力。例如，看到花的时候，留意一下哪朵花可以得“最独特颜色奖”，或者观察一下哪朵花历经艰难后存活下来，颁给它“本日最佳花朵奖”。你可以去寻找与众不同的微笑、高效的服务、应对日常挑战的巧妙办法。奖项没有类别或数量上的限制。
3. 邀请家里其他人或者朋友一起玩这个颁奖游戏，一天结束时告诉彼此颁出了哪些奖。

小结和快乐行动步骤

谢天谢地，我们不必全盘相信自己的想法！用带给自己快乐的方式思考可以加固快乐的思想支柱：质疑自己的想法；越过大脑，放下消极想法；让大脑倾向快乐。按照以下行动步骤去养成强化积极想法的快乐习惯：

1. 发现自己有负面想法时，停下来，通过自我质询检视这个想法是否是事实。

2. 要放开缠着你不放的消极想法，做放手练习。
3. 注意和自己有关的积极事物，每天做镜子练习，至少坚持一个星期，最好坚持21天。
4. 每天在脑海里颁发快乐奖，保持大脑的快乐倾向。
5. 练习接纳让自己更快乐的想法。

第5章

快乐家园的心支柱——让爱引领

我宁愿眼盲、耳聋、嘴哑，也不愿有一颗没有爱的心。

——罗伯特·蒂森（Robert Tizon），作家

和我一起做个小实验。用手指自己，看看你指的是什么地方？你应该和多数与我一起做过这个实验的人一样，指的是自己的心。没有人会指自己的头、肚脐或膝盖。为什么？因为我们本能地认为心是我们的本质。

想象一下，你看着某个对你来说很特别的人的眼睛，嘴里说："我爱你，用我所有的头脑爱你。"这句话听起来很别扭，是不是？

心是我们情感之所在。纵观历史，不同社会文化的人都认为心是人类快乐和智慧的源头。在很多文化里，心被比作钻石、

宝石或莲花，象征我们最深刻、最有价值的存在本质。

在我们的身体中，有一个莲花形的圣地，里面有一个小小的空间。

天与地都在其中。日月星辰、风火闪电，整个宇宙都在我们心中。

——改编自《奥义书》

心是生命之泉，泉水流动，我们感觉身心舒畅；泉水停止流动，我们感觉不快乐。

我的个人经历让我深知这个道理。好多年来，我心中时不时有一种尖锐、剧烈的疼痛，这种疼痛常常让我身心虚弱。心痛的感觉开始于20多年前，就在我结束了一段恋爱关系之后。我爱那个男人（虽然我没打算和他结婚），但他和我的一个好朋友约会之后，我的精神崩溃了。我以为随着时间流逝或者遇到新的对象之后，我心痛的问题可以改善。但是，问题一直存在。有时候，我心痛到无法呼吸；有时候，我担心心脏病发作。我看了很多医生，但是没有一个医生能找到我心痛的原因。我的心很沉重，这种沉重既是生理上的也是感情上的。直到我开始练习本章介绍的让心充满爱的快乐习惯，我心痛的感觉才终于慢慢减轻。

我对快乐百人的采访揭示了一个重要的真相：快乐的人让爱引领他们的生活。快乐的人和我们有着同样的恐惧、痛苦和失望，但是因为他们有与我们不同的习惯，所以他们可以在日常生活中一直敞开心怀。在练习这些习惯之后，你会有一颗更加有爱、坦荡的心，这也是你内心快乐家园的支柱。

心脏的能量场

回想一段快乐的童年时光：一次特别的家庭远足、和最好的朋友开心玩耍、拥有第一只小猫或小狗。回想这些时的感觉怎么样？很可能，你会感到一阵温暖涌上心头，这就是心脏的能量。

小时候，我深爱的祖父波帕每个周末都住在我家。他每个星期五来的时候，手里都拿着一袋杯子蛋糕。一看到祖父走上门前的台阶，我就喜悦得不能自已。我可以感觉我们心中的能量迸发出来且彼此碰撞。我迫不及待地想要依偎在他怀里听他讲自己的经历，比如 1906 年旧金山大地震、他的半职业棒球生涯和很多其他冒险经历。尽管只有 8 岁，我却清楚地知道心脏是有能量的，并且这股能量可以延伸到身体之外。

如今，科学证实了我童年的想法：心脏确实拥有强大的能量场。美国心脏数理研究所（The Institute of HeartMath）是享有盛誉的研究机构，其一项研究成果表明，心脏在人身体周围产生直径几英尺（1 英尺 =0.3048 米）的磁场，并且该磁场比大脑产生的磁场强 5000 倍。这一成果已经得到美国斯坦福大学和迈阿密心脏研究所研究证实。

心率变异性（HRV）显示心跳间隔变化，是反映人情绪状态的心脏活动的标准之一。在使用心电图仪测量心率变异性的研究中，罗林·麦克拉蒂博士和其他心脏数理研究所的研究人员发现，心跳曲线在人们开心的时候和愤怒、沮丧或伤心的时候不一样，如下图：

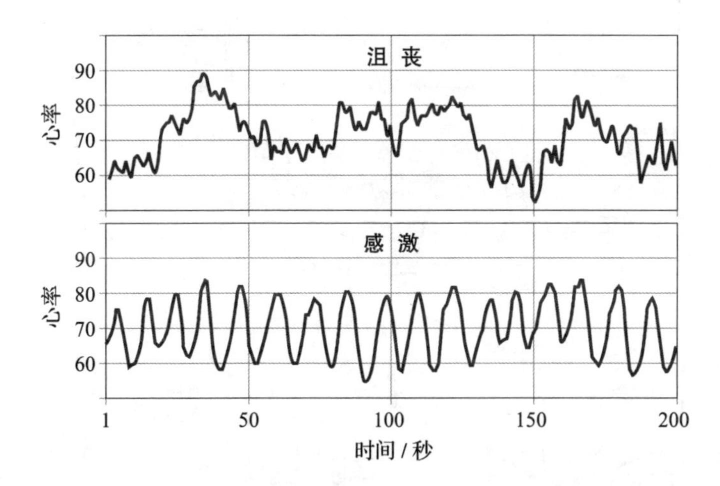

消极情绪导致心律图不规则，这种情况被称为心律不齐，会损害人体健康。人感到愤怒、沮丧或伤心的时候，体内会分泌应激激素和胆固醇，心跳加快，血压升高。相反，当人心存感激、心中充满爱、情绪平稳的时候，心律图平滑、有规律。

根据心脏数理研究所公布的研究结果，平稳的心律可以让身体分泌更多好的激素（如：抗衰老激素脱氢表雄酮），从而使血压正常，认知功能得到改善，免疫系统得到增强。在一项著名的研究中，美国肯塔基大学的研究人员分析了180名修女二十几岁时开始写的日记，结果发现，更常表达积极情绪的修女的平均寿命比更常表达消极情绪的长 7 年。积极情绪不但让人愉悦，而且有益健康。

“心跳很好，心脏很有律动地跳动着。”

爱和恐惧

我们所有的情绪都可以分成两大类：爱和恐惧。爱这类情绪（如：感激、宽恕、同情、欣赏）使心脏舒张，心律平稳；恐惧这类情绪（如：愤怒、悲伤、痛苦、内疚）使心脏收缩，心律不齐。每时每刻，爱或恐惧都支配着你的生活，快乐或不快乐也随之而来。

心脏数理研究所的研究人员发现，当人们把注意力放在爱这类情绪上的时候，人们可以随意让自己产生更平稳的心律。也就是说，人们可以让自己的心脏随时开启舒张状态。稍后我会告诉你如何利用我在心脏数理研究所学到的方法做到这一点。

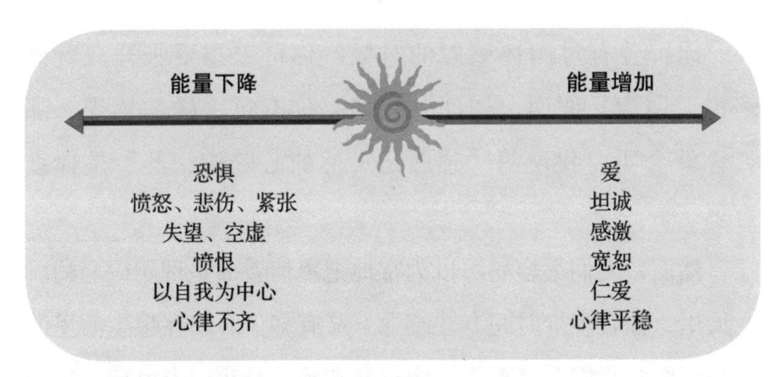

采访快乐百人时，我发现无论生活中发生何事，他们都能让爱引领，而他们有这样的能力是因为他们拥有让心充满爱的三个习惯。

让心充满爱的快乐习惯

1. 专注感恩。
2. 练习宽恕。
3. 传播仁爱。

让心充满爱的快乐习惯之一：专注感恩

如果你一生中说过的唯一一句祷告词是“谢谢”，那就足够了。

迈斯特·埃克哈特（Meister Eckhart），13世纪德国神学家

你可曾有过满怀感恩的时候？你可曾想要张开双臂高声说“谢谢，谢谢，谢谢”？如果你有过这样的感受，那么你就会明白我说的“感恩是天然的心脏扩张器”是什么意思了。

然而，人们很容易习以为常地把事情看成是理所应当的。一天里，你有多少时间专注感恩，又有多少时间在想生活里的各种问题？我们总表现得好像感激和欣赏是我们家里精美的瓷器和华丽的桌布，只有在特殊场合才拿出来使用。

在生活里，相信快乐无须理由的人不见得有那么多需要感激的事，他们只是更注重感恩罢了。他们总选择把注意力放在感恩上面。

以下是快乐百人中的里科·普罗瓦索利的故事。里科是一位作家、美式整脊师，他活力四射、热情洋溢。他的故事展示了专注感恩的强大力量。

感恩一切

想象你自己坐在一个黑暗的房间里，房间里只点了一根蜡烛，蜡烛几乎燃尽。在你的注视中，烛光闪烁，蜡烛发出噼噼啪啪的声响，眼看着烛光就要熄灭，却突然又跳动起来，在漆黑一片的房间里留下一点微光。你知道，只要几分钟时间，仅剩的这一点微光就会消失。

很多年前，我的生命就像这点烛光。再过片刻，再微微吐出一口气，我的生命可能就要完结。当时，我距离生命的终结就是那么近。

年轻的时候，我不知道自己想要做些什么。上大学时，同学们的志向是成为出类拔萃的企业巨头、备受瞩目的政界人士，甚至是最高法院的法官，但是我没有这样的抱负。大三那年，我出国去了法国。其间，我找到一个特拉普派修道院，花了近一年时间在那里修行。虽然我喜欢在修道院的经历，但我很快发现我不适合修行生活。离开修道院，我开始周游世界。我漂洋过海，游历了50多个国家。

过了几年冒险的生活，我最后回到美国，结婚生子，成为一名美式整脊师，还在缅因州海滨建了一家诊所。我生活优渥，但不快乐。内心的焦躁不安占据着我的思想和情感。有记忆以来，我一直都有这样的感觉：关注自己在生活中遗失了什么，不懂得对拥有的一切心存感激。经过一段时间的深刻反省，我和妻子决定离婚。为了确保前妻和孩子们获得足够的保障，我卖掉诊所，再次开始海外旅行。

1991年的仅仅几个月时间里，我的健康开始出现问题。我总是感觉不舒服。虽然以前我也生过病，但从没有过现在这种情况。我的病症越来越多，但是找不到病因。一个朋友还找来驱魔人帮我治病，蜡烛、祈祷，驱魔常见的那些东西都用上了，但完全没用。我真的病得不成样子。这种状况持续了近10年，最终在2001年达到谷底。

圣诞节前一天，我接到了刚刚看过的一位著名内分泌专家的电话。他说他们发现我的垂体前叶长了一个肿瘤，需要立即手术。最后说完“圣诞快乐”，他挂了电话。

我极为震惊和失落。无论是不是在圣诞节的前一天，需要开颅切除肿瘤这个消息本身无疑是个噩耗。过完令人忧伤的圣诞节，我去医生那里讨论手术事宜。医生立刻告诉我垂体瘤是误诊。他看着我的眼睛，说道:“你身体没病，是你臆想自己生病了，这是疑病症。”

医生的这番话成为压垮我的最后一根稻草。我忍受着痛苦的折磨，他竟然说这都是我自己造成的！医生给我开了抗抑郁药，我拒绝服用。6个月后，因为太想恢复健康，我最终同意试一试抗抑郁药。药物治疗3天后，我感觉更糟糕了。在这种彻底无望和绝望的状态下，我开始计划自己的死亡。

我前妻的姐姐是一名心理治疗师，她后来告诉我，我吃的那种抗抑郁药在开始服用的14天内有可能引发自杀倾向。当时我唯一的想法是我不想再继续这样活，不能再继续这样活。我不希望自杀的耻辱成为家人的负担，我想我可以搭渡轮去城里，走到公交车前被车撞死。这会是干脆的了断，就和时有发生的意外事故一样。

我坐在餐桌边，思索着自己的死亡计划。我已经接受整个构想，相信这是最明智的解决办法。这不是冲动、头脑发热做出的决定，我感觉这个决定理由充分。我心想：是这样没错。我的人生已经完满。我活够了，结束吧。我的内心感受到了某种安宁。

然后，我收到了邮件。

那是父亲节的前一天，一沓信件里有一封我前妻也是我孩子的妈妈寄来的信。我拆开信封，看到一张卡片，卡片正面有她亲手做的手工，很漂亮。她写在卡片里面的话彻底扭转了我的世界。她告诉我她仍深深爱着我，因为我是她孩子的爸爸而使她感到由衷快乐。她说虽然我们经历了挑战，但是在我的陪伴下她成长了很多，她祝愿我健康、好运、快乐。

我大为震撼，心想：天啊！等一下，我真的要自杀吗？此刻一切仿佛暂停。我发现我又一次把注意力放在生活中出错的地方，而不是感恩已经拥有的东西。现在，我前妻流露出来的深深的爱意和感激让我在错误的道路上及时止步。她温暖真挚的赞赏让我重新触摸到了自己的心，让我睁开双眼看清自己拥有的所有的美好。我放弃了自杀计划，多年来第一次体验到了快乐的滋味。

这些新生的感激之情如同一波海浪推我前行。我的生活开始向好的方向转变。不到 24 小时，我遇见一个人，这个人推荐了一位热带疾病专家。这位专家只看了我一眼，便立即发现了我的问题。检查结果显示，我感染了阿米巴虫、肝吸虫等多种寄生虫，这些是我以前出国旅行时招来的不速之客。我接受了抗寄生虫药物治疗，而且很庆幸，我痊愈了。我重获新生，实际上，我感觉比原来更好了！与以前不同，现在的我对生活充满前所未有的感激之情。我决心保持这种状态，很快发现了两个帮助我保持这种状态的有效手段。

第一个手段是每天做大笑练习：我每天花 10 分钟大笑。虽然每天抽时间坐在那里大笑听起来有点奇怪，但是大笑确实有使我转变的效果。大笑可以促进内啡肽分泌，有益健康。此外，我发现大笑还可以净化我的感情，让我的快乐保持在高水平上。我每天做大笑练习，一天不落。

练习大笑后不久，我收到了一个匿名传真，上面写着一位禅师的话："感恩一切，心无抱怨。"我决定把这句话融入我的生活日常，让我的每一天都充满感激和快乐。

"感恩一切，心无抱怨"这句话成了我的精神之锚。现在，不管发生什么事，我都感觉自己对生活无怨无悔。

几年前，我接到一通电话，得知我的毕生积蓄大半被盗用，这对我是个考验。我失去了一切，今后不得不彻底改变生活方式。我放下电话，呆立片刻，慢慢领悟这件事意味着什么。我的第一反应是“哦，好吧”。生病多年、与自杀擦肩而过的经历让我可以客观、理性地看待这件事：如果从天地万物的角度来看，这件事也不是那么重要。

我从早年漂洋过海的经历中学到的是，困难来临时要勇往直前，面对突发事件需要采取行动。于是，我开始打电话，解除房屋租约，搬去朋友家住，借钱生活直到我想出第二方案。

1小时后，一切安排妥当，我终于有空闲思考当下的情况。熟悉的话语涌上心头:“感恩一切，心无抱怨。”我打从心底笑了。神奇的是，这是真的，我真的感恩一切，心无抱怨。当然，我宁愿事情不是现在这样，但面对现实我坦然处之。接着，我坐下来，开始我的大笑练习。

如今，多年过去，经历过很多次起起伏伏之后，我依然在笑！因为有一颗感恩的心，一切皆已不同。

* * *

感恩何以带来快乐

感恩这样简单的事为何会是生活中制造更多快乐的有力工具？答案是吸引定律。记住上文提到的生活中可遵循的三条指导原则中的第三条：你欣赏的会增值。如果想生活里有更多美好的事，不要把精力放在问题和阻碍上面，要把注意力放在已经存在的美好事物上，放在有效的事情上。这样做必然会吸引更多美好的事物到你身边。

我不是建议你用感激来否定、忽略、抑制或粉饰痛苦的感受。相反，感激是一种让心倾向快乐的途径。每个人都会遭遇挑战、收获福气，但是把心中的能量放在福气上会让你快乐得多。

感恩的美好氛围

感恩不仅是快乐之本，对健康也大有裨益。美国迈阿密大学迈克尔·麦卡洛博士的一项研究显示：与其他人相比，认为自己心存感激的人往往更有活力、更乐观，承受的精神压力更小，并且较少患临床抑郁症。

美国加利福尼亚大学戴维斯分校的罗伯特·埃蒙斯博士的一项实验表明，与不写感恩日记的对照组相比，每周写感恩日记记录自己感恩的事物的实验组更健康、更乐观、更常做运动，同时认为自己更快乐。

这些研究证实感恩可以产生某种对我们健康有积极影响的能量。要解释这一现象，可以从江本胜博士发人深思的研究中找到线索。

我从电影《我们到底知道多少？》（*What the Bleep Do We Know*）中第一次听闻江本胜博士，以及看到他的那些令人惊叹的照片。江本胜博士运用高速摄影技术向我们展示了不同形态的结晶。冰冻水后出现的结晶的形态取决于水中传递的能量类型。在一些实验中，江本胜博士让人们在盛水的容器周围围成一圈，向水中传递不同的情感。向水中传递爱与感激之情时形成的结晶的照片所呈现出的是美丽的晶体结构。

爱与感激

与“爱与感谢”结晶图案形成鲜明对比的是“你让我感到厌恶，我讨厌你”的结晶图案，后者是向水中传递厌恶之情和消极情绪时出现的。

你让我感到厌恶，我讨厌你

人体的 70%~80% 由水组成，你希望在自己的身体里创造哪一种图案呢？

感恩无须理由

如果快乐百人也有贵宾区，那么戴维·史坦德-拉斯特一定在贵宾区第一排！戴维是一名本笃会修士，他看起来比实际年龄年轻很多。他写过几本书，讲述感恩的重要性，创立了非营利组织感恩生活网（Network for Grateful Living）。该组织致力于唤醒人们的感恩意识，让人们意识到感恩是“个人改变的核心动力”。几年前我就听说过戴维。最近我加入了一个为期一个月的感恩小组，该小组就是以他的理念为基础建立起来的。戴维同意参加我们小组的聚会，组织者问我想不想采访他并把他写进我的书里，我马上抓住了这个好机会。

与这位和蔼可亲的智者坐在沙发上，一起惬意地喝着茶，我不禁对他身上散发出来的爱和快乐赞叹不已。我先是问了他几个标准化问题，但是很快，听到他诉说自己在第二次世界大战中的艰苦生活以及艰苦生活如何让他心存感恩时，我热泪盈眶。

十几岁时，戴维生活在纳粹占领之下的奥地利，他从没想过自己可以活到 20 岁。当时，食物匮乏，他们一家人常常只能靠喝野菜汤过活。另外，他很肯定自己会应征入伍，然后战死沙场。不过，戴维告诉我，虽然那时危险和困难重重，但是他很快乐，因为在濒死的环境下，他视生活为礼物，怀有深深的感激之情，从未改变。

戴维对感恩的看法非常独特。让我印象深刻的是，他说感恩不是因为我们在生活中拥有很多物品而充满感激。他告诉我："不管拥有的是多还是少，都可以感恩。"对戴维而言，感恩就是体验"完满"，在每一刻感受充实，欣赏事物的现状，这便是我所谓的感恩无须理由。戴维说："快乐不是我们感恩的因，快乐是我们感恩的果。"

戴维和我分享了一个非常好的练习，可以帮助我们提升感恩之情。他每天都会选择一个当日关注的主题。例如，如果他选的当日主题是水，那么每次洗手、洗碗、浇花、刷牙的时候，他就会注意水、欣赏水，以此提醒自己此刻活在纯粹的感恩之中。次日，他可能选择关注往来车辆的声音，再次日又选择其他事物。我自己做了这个练习，非常喜欢，于是把它放进我经常练习的感恩技巧中，以此提升我的快乐水平。

将感恩付诸行动

马克·贝科夫也是快乐百人中的一员。他每天清晨在快乐中醒来，跳下床，走到窗边，向着窗外的青山、阳光、绿树和小鸟道早安。有一次，家里的客人听到了，问他："你在和谁说话？"

"当然是和今天说话啊！"马克回答。

看起来可能有些老套，但是马克和所有幸福设定点高的人一样，真心因为生活中美好的事物感到快乐。和我们一样，他也会遭遇挑战，但他每天都像这样迎接清晨，为一天余下的时光定下快乐基调。

马克的快乐一直都在。正如我认为的，快乐无须理由像是舞台上的背景布，即使是在最糟糕的情绪状态下，它也依然存在。举例来说，马克的母亲时日无多，马克飞到佛罗里达的家中陪她度过最后时光。母亲接连中风，脖子以下完全瘫痪，她不能说话，别人的话也不知道还能听懂多少。

为了保持冷静，马克经常长途徒步或长跑。一天，他跑步回来，手里捧着一束芬芳娇艳的粉红色鲜花送给他的母亲。他的母亲名叫 Rose（意为“玫瑰花”），并且很喜欢花。马克走进父母居住的公寓，笑容灿烂，这时一位到访的邻居奇怪地看了他一眼，说道：“你母亲躺在隔壁房间，已是弥留之际，你怎么还能这么开心？”

马克回答说：“我这么开心是因为今天非常美好，我知道如果我母亲意识清醒的话，她也会喜欢今天。”

马克走到母亲床边，把鲜花放在她腿上。母亲看了看鲜花，虽然她说不出话，但是马克愿意相信母亲喜欢这些鲜花芬芳的气息。即使母亲将不久于人世，马克还是能够感恩她尚未离去，能够看到世界上美好的东西。

我在采访中问马克是怎么做到在经历极度悲伤的同时保持快乐的。他告诉我：“快乐就是我的一部分，是我的核心，我一直都是快乐的。有时候我也会伤心难过，但是伤心和快乐并不相互排斥，伤心不会带走快乐。”

说出感谢

一年前，在十几个大学女同学的聚会上，我看到了老朋友特雷莎·吉布森。特雷莎上学时就是个有趣的女孩，她笑容随和，喜欢冒险。听说我在写这本书，她向我讲了她与她那95岁高龄的老父亲每天都进行的感恩仪式。特雷莎和她的父亲查理称他们的感恩仪式为“说出感谢”。“说出感谢”让他们一直保持笑容，心情愉悦。特雷莎搬去和她的父亲同住时两个人都处于人生低谷。当时特雷莎的母亲刚刚去世，父亲正在经历丧妻之痛，特雷莎自己即将结束痛苦的离婚程序。加之经济拮据，父女二人都愁眉不展。他们听说感恩可以让心情变好，于是决定每天早上在特雷莎上班之前坐在一起对彼此说出生活中让他们感恩的三件事。

“一开始进展很缓慢，”特雷莎说，“第一次这么做时，我的心情太过沮丧，几乎想不出一件让我感恩的事。”最后，她环视四周，看到了一个自己很喜欢的花瓶，于是她对父亲说：“花瓶这么漂亮，我很感恩。”这句话听起来有点蠢，但这已经是她能做到的极致。父亲查理也好不到那儿去，他总是等着特雷莎给自己提示。即便如此，父女二人发现就算是感谢一些肤浅的东西，也能产生不错的效果。

很快，关注生活中好的一面的决定开始显现出好的成效。特雷莎和她的父亲感觉更快乐了，同时他们还发现事情越来越顺心如意。他们的经济状况也开始好转。每天说3件感恩的事逐渐变成说5件、10件。后来为了特雷莎上班不迟到，他们只得在说完所有感恩的事之前停下来。

有一天，二人说完感谢后心情格外轻松愉快，父亲查理唱起了音乐剧《俄克拉何马》（*Oklahoma*）里的歌曲《啊！多么美好的早晨》，接着特雷莎也跟着唱了起来。这首歌曲是感恩带给这父女二人的感受的最佳表达。现在，这首歌曲也成了他们感恩仪式的一部分。说出感谢然后一起唱这首《啊！多么美好的早晨》已经成为他们一天里精彩的时刻之一。

你越是感恩什么就越会得到什么。你感谢已经拥有的快乐和爱，就会有更多的快乐和爱来到你身边。

我自己也体验过感恩的巨大力量。本章开头我提到过自己的心碎经历，在那之后，一个朋友让我连续三个星期的晚上就寝之前写下 5 件感恩的事。我知道心理学家说改变一个习惯需要 21 天，所以我同意了。开始的时候我感到有些吃力，但是因为有效果，所以我坚持了下来。实际上，这个简单的小练习效果太好了，我每晚都坚持做这件事，并且持续了 3 年之久。久而久之，我心中的痛减轻了。

我建议大家亲自试一试这个方法。每晚睡觉前列出当天 5 件让你感恩的事，留意第二天醒来时自己的感受。

来自心脏数理研究所专家的工具

要缔造快乐、成就自我，欣赏和感激必不可少。

——多克·奇尔德（Doc Childre），

心脏数理研究所创始人

美国心脏数理研究所位于红杉林区，距离我家两个小时的车程。我去过那里几次，见过研究所才华横溢、远见卓识的创始人多克·奇尔德和顶级研究员。在研究心脏对健康和快乐的影响方面，该研究所处于技术和研究前沿。他们开发了实时检测并反馈心律的计算机软件和便携式仪器（emWave），帮助人们保持心律平稳。定期使用这些科技产品后，我发现我的内心更加开阔、快乐、充满温暖。

任何时候你想专注感受心中的爱和感激，可以运用以下由心脏数理研究所开发的快速和谐法。

练　习

快速和谐法

快速和谐法是把你和你的心脏能量联系起来的情绪调整法，可以帮助你释放压力、平衡情绪，让心情快速变好。一旦掌握，完成整个流程只需要一分钟。

步骤1：专注于心

慢慢将注意力集中在心脏部位。如果喜欢，可以一只手放在心脏上面作为辅助。如果思想经常游离到别处，那么要让注意力不断回到心脏部位。

步骤2：用心呼吸

注意力集中在心脏部位时，想象气息从心脏位置流进、流出。这样可以帮助你的思想和能量保持集中，让你的呼吸和心律保持同步。轻轻地、慢慢地呼吸，直到你感觉呼吸顺畅、平稳，没有强迫感。继续轻松呼吸，找到让你感觉舒服的内在的自然节奏。

步骤3：用心感受

继续呼吸，回想某个积极的感受，某个让你感觉愉悦的时刻。试着重新体验这种感受，可以是对特别的人、宠物、喜欢的地方或对有趣的活动的欣赏或关心。让自己感受这种美好感觉。如果什么都感受不到，没关系，试着找到一种由衷的欣赏或关心的态度。一旦找到积极的感受或态度，就可以通过坚持专注于心、用心呼吸和用心感受来维持它。

让心充满爱的快乐习惯之二：练习宽恕

宽恕是爱的最高、最美表现形式，可以让你获得无尽的安宁和快乐。

——罗伯特·穆勒（Robert Muller），联合国前助理秘书长

有时候让爱引领并非易事，尤其是我们被某人伤害的时候。无论伤害是大是小，宽恕之前你都不可能真正快乐。没有人可以否认，有时候人们会做骇人听闻的事，会有残忍的错误

行径。然而即便如此，宽恕依然存在。

很多人认为，憎恨、愤怒和愤恨是对那些待你不公的人的惩罚，但事实恰恰相反！抱着这些情绪不放就像是自己吞服毒药后还企图伤害别人。其实，受伤害的是你自己。宽恕别人时，你消除了自己的愤怒，抚平了自己的伤痛，恢复了让爱引领的能力，就像做了一场心灵的大扫除。

在我寻找快乐百人的过程中，我写《心灵鸡汤：女人心语》时的一个工作伙伴给我讲了玛丽·洛奇的事。玛丽是她因工作关系接触监狱犯人及其家属时认识的。采访玛丽时，她身上的力量和勇气让我深受启发，她的故事让我重新审视了我对宽恕设定的界限。

获得自由

多年来，我的生活都谈不上轻松安逸。很多次，包括离婚的时候，我都被迫挺身捍卫自己，由此我变成了一名真正的斗士。我发现自己常常对人对事感到失望、难过，这让我产生了大量愤恨和报复情绪。

1996年的一天夜里发生了一件事，这件事让我之前体会到的所有失望和难过都显得微不足道。凌晨3点，我在一阵电话铃声中醒来。我接起电话，内心满是恐惧。打电话的是我的大儿子杰伊，他在电话里说我的18岁的小儿子罗比被枪击中。

“妈妈，他死了。”

那一刻，我感觉自己的生命已经终结。失去罗比的痛苦让我难以承受。我多希望找个洞钻进去，永远都不出来。但是，我知道我应该为了其他子女振作起来，并且我还得和警方交涉，所以我克制住了自己的悲伤。

开枪打死我儿子的年轻人叫肖恩，他被捕后被控谋杀。肖恩和罗比相识，在两人争吵的过程中，肖恩开枪打中了罗比。因为肖恩认罪，所以不会有庭审，只有听证会，听证会上进行辩诉，最后法官宣布判决。举行听证会之前我还要等待漫长的3个月。在这期间，我不能和肖恩会面或谈话。这个规定是明智的。此时，我的绝望和愤怒已经到了极限，如果有机会，我会掐死肖恩，因为他杀死了我的宝贝！

听证会的日子终于来临，我见到了肖恩。被带进昏暗的法庭时，他的眼睛一直看着地面。阴影遮住他的脸，扭曲了他的五官，让他看起来很阴郁。我感觉一股炽热的怒火涌向全身。他为什么枪杀我的儿子？我的身体因为愤怒而颤抖，我决定不在证人席上发言，但是我告诉法官我希望听证会后和肖恩说话。

肖恩认罪后，裁决和刑罚已经没有悬念：在当地州立监狱服刑20~40年。法官兑现承诺，在听证会后把我叫到内庭与肖恩见面。我跟随法警走过楼道，每走一步心跳就加快一拍，我准备和杀死我儿子的年轻人见面，让他知道我对他所犯罪行的感受，等这个机会花了我很长时间。此时，愤恨交加的我不知道要说些什么，但是我知道我想要痛骂他一顿。

搜身之后，我被领进一个小小的办公室。肖恩瑟瑟发抖地站在墙角，双手双脚戴着镣铐，身上穿着宽松的橙色连体囚服。他低着头，尽管已经是20岁的大小伙子，却像婴儿一样失声痛哭，很是伤心。我看着这个无父无母、没有朋友、没有人支持的孤苦伶仃的男孩，眼中看到的只有另外一个母亲的儿子。

我问法警能不能靠近肖恩。这时，肖恩抬起头，露出一张稚气未脱、沾满泪水的脸庞。我突然听见自己出声问道："肖恩，我能抱抱你吗？"他点头表示同意。法警示意我可以靠近，我走到肖恩身边，张开双臂抱住了他。肖恩躲进我的怀里，这是很久以来他第一次从别人身上获得同情。我站在那里抱着他，感觉我的愤怒和恨意一点点慢慢消失。

接下来我说出的话再次让所有人感到意外，包括我自己。我说："肖恩，我原谅你做的这件可怕的事。"我们眼神相交，对视了片刻。我继续说道："我的罗比在哪里都好，但我不希望他蹲监狱。我会每天为你祈祷。"我让肖恩和我保持联系，然后法警护送我离开了房间。

不久之后，肖恩去监狱服刑。对此我并没有感到多少欣慰。罗比已经死了，不管罪犯得到什么样的刑罚都不能让他死而复生，而现在另一个男孩的一生也被毁掉了。

肖恩的父母都说不想再和他有什么关系，所以我和肖恩开始书信往来。他服刑的头5年，我是唯一去看他的人。5年前，肖恩转到另一所监狱，那里的监狱长不允许受害者家属探访犯人，但我和肖恩还是经常通信。

一些人不理解我的行为，但我知道宽恕不等于纵容。我相信，那天我在内庭感受到的同情是来自上天的礼物。我知道，如果不宽恕杀害我儿子的凶手，我的内心和心灵深处的仇恨和复仇之心永远不可能被治愈。宽恕让我获得自由，给我安宁。有了这份安宁我才能继续生活下去，最终接受罗比死亡的事实，从他死亡的阴影中走出来。

从那时起，我通过我所在的教会加入了司提反关怀者行列，借由倾听和陪伴帮助人们渡过危机或者摆脱失去亲人的痛苦。这项工作需要的主要技能是奉献和同情，从我原谅杀害我儿子的凶手那天起，我便获得了这两样东西。

我学会了一个道理，如果抱着愤怒和愤恨的情绪不放，最后伤害的只有你自己。现在，不管发生何事，我都能获得真正的平静和快乐。

仇恨和复仇无法让我心爱的儿子死而复生，而肖恩也是别人的儿子。仇恨必须要在某处停止，还有比在我这里停止更好的地方吗?

* * *

为何宽恕

很少有人能遇到像玛丽这样痛彻心扉的经历，也正因为这样我选择了她的故事。如果玛丽可以原谅杀害她儿子的凶手，那么我们或许也可以原谅伤害过我们的人。

原谅为什么这么难？下面列出了五个原因，它们听起来是不是有些耳熟呢？

1. 我们认为宽恕就是纵容错误的行为。

2. 我们认为原谅意味着允许伤害我们的人重新进入我们的生活。

3. 我们认为憎恨伤害我们的人能给自己带来力量。

4. 我们认为，如果我们选择原谅，那么我们可能再受伤害。

5. 我们要惩罚犯罪者。

其实，这些说法都不对。宽恕与被宽恕的人无关。宽恕是你给自己的礼物，让你的内心不再受消极情绪困扰。宽恕别人时，你可以释放心中如同毒素般的愤恨和愤怒，最终解放自己，继续生活下去。

要记住，宽恕不是抹去已经发生的事，也不是便宜作恶之人。伊娃·科尔是奥斯维辛集中营的幸存者，她公开原谅了杀害她家人、把她和她的双胞胎姐姐当小白鼠做医学实验的纳粹分子。伊娃的宽恕举动并不是要宣告纳粹分子对他们的罪行不用负任何责任，宽恕只是让伊娃放下了背负已久的痛苦和憎恨的思想包袱。关于宽恕，她如是说：

我绝对相信每个人都有不背负过去痛苦生活的权利。对多数人来说，宽恕具有一个很大的障碍，这是因为报复是一种社会预期……我们需要尊重受害者，但是我一直在想，我死去的亲人会希望我背负着痛苦和愤怒生活直到人生的终点吗？

我宽恕别人是为了我自己。宽恕只不过是一种自我疗愈、自我赋权的举动。我称它为灵丹妙药。这种药不用我们花钱，有奇效，而且没有副作用。

宽恕是良药

弗雷德·罗斯金博士是美国斯坦福大学宽恕计划的主持人和联合创办人，他为了做与宽恕相关的研究而走遍世界各地。3年前，我曾经坐在礼堂里听他讲他在宽恕方面的研究，听得如痴如醉。此前不久在北爱尔兰，他让在冲突中丧子的母亲们汇聚一堂。罗斯金博士分享了宽恕可能带来的奇迹，分享的过程中浑身都洋溢着爱和同情。

罗斯金博士的故事让所有听众感动落泪。这些故事证明宽恕他人的人更快乐，人际关系更稳固，健康问题和应激症状更少。医学界已经开始认识到愤怒和愤恨在致病和成瘾问题上的重要影响。罗斯金博士的研究显示，不宽恕（心中有恨）实际上是导致心脏病发生的风险因素之一。有趣的是，罗斯金博士还发现，人们刚刚在心里原谅加害者，心血管、肌肉和神经系统功能便立即得到改善。所以，你甚至都不用告诉对方你原谅了他（她），就已经可以从中获益。

在其著作《学会宽恕》（*Forgive for Good*）中，罗斯金博士讲述了戴娜的故事。戴娜认为发生在她身上的罪行是不可原谅的。罗斯金让戴娜想象有人拿枪指着她的头，她活下来的唯一机会是放下对加害者的愤怒和愤恨。如果是这样，她愿意原谅吗？听到这儿，戴娜立刻说不值得为痛苦牺牲生命，她意识到拒绝原谅是慢性自杀。

虽然没有人用枪指着我们的头让我们放下愤怒和愤恨，但是我们的生活还有我们的快乐真的需要我们学会放下这些消极情绪，需要我们拥有宽恕的能力。

同情心是关键

就像玛丽发现的那样，如果可以把痛苦暂时放在一边，用心看看事情本身，你会发现伤害你的人也不可避免地伤害了他们自己。

我以前有个邻居总是为了这样或那样的事大喊大叫，比如我家垃圾桶离她家车道太近，有人把车停在了她家房子前，邻居家的狗在她的花园刨坑。可想而知，我也不怎么喜欢她。一天下午，我听见救护车的声音，向窗外张望，看到救护车开进了邻居家的车道。救护员把这个邻居推上救护车，救护车闪着警示灯向医院开去。那天，我才知道邻居病得不轻，她有严重的肝病和慢性背部疾病，每天都在持续难忍的疼痛中度过。我对她的怒气立即消失。从她出院回家那天到她一年半后去世，我不但改变了对她的印象，而且总是尽我所能去帮助她。

当你了解了别人经历的痛苦，你的消极情绪就会很神奇地转变为同情，为宽恕创造条件。

如果你觉得这样不错，但是不知道如何才能放下消极情绪去宽恕他人，其实你已经清除了一个很大的障碍。有时候，愿意考虑宽恕他人是学会宽恕最难的部分。

以下这个练习可以指引你完成宽恕的整个过程：

练　习

宽恕的方法

1. 找一个不会被打扰的地方坐下来。
2. 闭上双眼，想一个让你心中感到愤怒或愤恨的人。
3. 深呼吸几次，进行自我感受。留意感受就好，其他什么都不要做。
4. 现在，意识到这个人伤人的行为不可能改变。事情已经发生，现在做什么都改变不了。感受这其中的不可改变性。
5. 还要意识到这个人可能永远不会改变。他就是这个样子。接受这个事实，同时做几次深呼吸。
6. 现在，看清一件事：这个人之所以是这个样子，之所以做了他做过的事，是因为他有一些痛苦，有一些匮乏，受了一些伤害。他自己可能都没发现，但事实就是如此。人们伤害别人只因他们自己也受过伤害。用同情的眼光去看他们经历的痛苦吧。把他们想象成一个孩子，一个因为自己痛苦而伤害、怒斥他人的孩子。你能感觉到对他们的同情吗？

7. 再安静地坐一两分钟，感觉自己的心胸因为同情变得越来越开阔。

注意：如果你仍然感觉愤怒，没关系。这个练习的目的是帮你开始释放心中的痛苦，不是原谅别人的行为。坚持重复这个练习直至感受到内心的转变，哪怕这个转变非常小。同情心增加后，宽容心也会随之增加。

让心充满爱的快乐习惯之三：传播仁爱

把阳光带进别人生活的人不会把阳光挡在自己的生活之外。

——詹姆斯·马修·巴里（J. M. Barrie），
19世纪苏格兰小说家

爱心涌动时，你自然感觉更快乐。但心中无爱时怎么办呢？毕竟感觉心门关闭不是什么难事。青春期暴躁无礼的孩子、讨嫌的同事、蠢笨的销售员都会让人心烦气闷，这个时候怎么让爱在心中流淌呢？

你可以把仁爱传递给遇见的每一个人，让心重新开始流动。不一定要做什么激动人心、引人注目的事，有时候简单的祝福就可以重启爱的源泉。小小的举动可以制造爱和快乐的湍流，一颗满怀着爱的心会不断被更多的爱填满。

进行“快乐无须理由”调查时，C.J. 斯加利特的回复让我大为感动。采访中我发现斯加利特的故事可以对自己和他人产生巨大的影响。爱的分享可以是无声无息的，也可以是语言和行为上的表达。

爱的流动

我 41 岁，但感觉像个老人。过去 12 年，我饱受红斑狼疮和硬皮病这两种自身免疫性疾病的困扰。因为服用类固醇药物，我的体重暴增。我去邮箱拿邮件都需要使用助行器或者拄手杖，有一段时间甚至要手脚并用爬楼梯。我经常不能开车，凡事都得靠家人。

医生说我随时都可能出现心力衰竭。每次胸痛我都很惊恐，但有时候我希望死亡快些来临，这样我的痛苦就可以结束了。每天晚上我都做噩梦，梦见自己被吸入黑色的龙卷风或者我乘坐的飞机失火坠落。

阅读自助类书籍和接受心理治疗有一些帮助，但我的健康状况还是很糟糕。一行禅师写的书给我的触动很深，所以当我有机会和一位与我住在同一座城市的喇嘛见面时，我没有错过。

拄着手杖，我一瘸一拐走上人行道，来到喇嘛住的地方。

我告诉他我悲惨的遭遇，满心期待他向我投以怜悯的目光，表达同情之心。然而，他并没有这样做。他对我说："别再觉得自己可怜，开始关注别人的快乐吧。"他的话简短且生硬，虽然算不上不客气。

"但是，我病得很重，我连自己都帮不了。"我反驳道。我很失望，我想他根本不懂。

我觉得我太累了，病得太重了，根本帮不了别人，对此我深信不疑。尽管如此，我还是开始为别人的快乐祈祷。我想着自己认识的人，我的家人和朋友，想象他们快乐、健康、内心平静。然后，我开始关注陌生人的快乐。在路上与陌生人擦身而过时，我会看着他们并祝愿他们健康快乐、事业兴旺。最后，我甚至可以祝福、帮助我非常讨厌的人。

一天，我坐着代步车在食品店排队等着付款。这时，一位女士走到我身后，她那天明显心情不好，疲惫焦躁，不堪烦扰，对所有人都一副恼火的样子。她的购物车装得满满的，很明显她希望可以尽快结账。

通常情况下，我会尽可能远离她的坏气息和负能量。事实上，我当时的第一个想法是：她看起来真凶，我可不想和她扯上关系。

然后，我想起了喇嘛的建议，心想：好吧，她今天过得很糟糕。我知道这是什么感觉。让我想想怎么能让她更快乐。

我转身对那位女士说："看起来你很着急。"

我友好的姿态吓了她一跳。“是，我很着急，我要迟到了。”她生硬地说。

我说：“要不你先结账吧？”

看了看我代步车上为数不多的几件商品，她迅速摇摇头，说道：“不用，不用，没关系。”

但我说：“真的，我不着急。你先来。”

接下来她的转变很惊人。之前她很生气，浑身散发着消极气息，很可能还会在收款台训斥收银员。现在她感觉自己得到了理解和关心。她推着购物车走到我前面，连连对我道谢，还感谢了收银员。东西装好后，她面带微笑离开了食品店。

我感觉好极了。我环顾四周，发现周围所有人都笑容满面，彼此友善地交谈。“做得好。”“祝你度过愉快的一天。”我们都被这样的互动感染了。

我开始寻找更多的方式去为他人的快乐着想。我微笑着冲上前去帮助需要帮助的人。我捐钱给无家可归的人，帮助一位要找工作的女士筹划买车事宜，帮一位没钱的女士付了一箱汽油钱，我还在卡特里娜飓风来袭期间为红十字协会提供志愿服务。似乎每时每刻都有帮助他人改善生活的机会出现，我也因为自己有能力给予他人体力、精神和经济上的帮助感到欣喜。

在此之前，我也做过志愿工作，积极参与倡导受害者和儿童权益的非营利组织的活动，但是我以前做志愿工作时总是夹杂着一丝自大，我把我帮助的人看成是受害者，而我自己是他们的救助者。我因为帮助了别人而自我感觉良好。但这次不同。

这次完完全全是为了他们。我的焦点是他们的快乐。祝福他们快乐时，我心中会涌现一股爱的浪潮，这股爱有时会转化为行动，其他时候只是为他们祈祷，由衷希望他们快乐。我心中对他人的祝福经常并不为人所知，但是因为有这个祝福，我心中流淌的爱不断生长，越变越多。

当我不再想别人是否让我快乐或者别人是否满足我的需求，而是去想怎样让别人快乐时，我眼中的每个人都变得很美丽。我能理解他们都在英勇奋斗、努力生活，我会对他们心生同情。我越是想着为别人的快乐贡献力量，就感觉越健康；我感觉越健康，就越快乐。我的梦想变成了一次次欢乐的庆典。

不到一年时间，我的健康状况发生了翻天覆地的变化。让我苦不堪言的疼痛彻底消失。我又可以畅快地呼吸，又能精力充沛地继续生活了。两年后的今天，我感觉自己比29岁生病之前的时候更健康。让医生感到惊讶的是，曾经让我身体日渐衰弱的疾病正在好转。现在，我的生活里没有了病痛，我一个星期在健身房锻炼三次，因为服用类固醇增加的体重也在慢慢下降。

第一次见面大约一年之后，我和喇嘛再次相遇。当我告诉他关注他人的快乐给我的生活带来了巨大改变时，他满面笑容地为我鼓掌，连声说："太好了！太好了！"

他睿智的话语让我没有在病痛的折磨下继续沉沦，而是让我接触到了最强大的力量：我们心中永存的爱。正是这种心中流淌的爱治愈了我的身体，成为我生命中汩汩涌动的快乐清泉。

* * *

祝你安好

祝你安好，这个想法多么简单，但是却能改变我们的人生。斯加利特的快乐法对于我成效显著。过去我很讨厌排队和堵车，但是现在排队等候或堵车的时候，我会环顾四周，默默祝福身边的每一个人快乐、安逸、自在、安宁。我不再火冒三丈，我发觉自己在微笑而且心情愉悦。有时候，我不只在心中祝福别人，还会更进一步。有一次，我在机场买墨西哥卷饼，卖卷饼的人脾气很坏，搞得我也有点想发火。但是转念一想，他整天站着，一个接一个不停地做卷饼，顾客都是着急飞去异国他乡的乘客，他却困在此地，在保温灯的照射下热到不行。这真是个受累不讨好的工作。于是，我对他说："小伙子，整天做这个工作腻烦了吧。"

为我服务的小伙子很意外，有人主动体谅他的不易，他也变得温和起来。他给了我一个灿烂的微笑，还多给了我一些薯条。

我们只要带给别人一点光和爱就可以让他们的日子过好一点。我想我们都低估了自己让别人快乐的能力。我建议你亲自试一试斯加利特的快乐法。你也可以每天抽出一点时间做下面这个仁爱练习。这个练习的基础是佛教中修习慈心的练习。所谓慈心，就是愿他人健康快乐之心。慈心不是佛教独有的概念。在基督教里，这种无条件的爱被称为“圣爱”（agape）。在犹太教里，慈爱/怜悯（rachamim）是促使我们为他人付出的爱，包括共情和关爱。在伊斯兰教里，表示这种理想之爱的词是“麦罕拜”（mahabba），意思是对他人和真主的精神之爱。

选择感受爱、祝福所有人，是快乐人士的自然习惯，这种习惯可以帮助你在生活中培养更多的快乐。

练 习

仁爱练习

这个练习将指引你祝福自己和他人得到仁爱，提高你的同情能力。

1. 找一处安静的地方，舒服地坐着。闭上双眼。
2. 慢慢地深呼吸，吸气、呼气时注意气息。让想法来去自如。
3. 重复默念下面的话语：

祝我平安。

祝我快乐。

祝我健康。

祝我的生活轻松自在。

持续感受这些对自己的祝福1~2分钟，或者持续感受这些祝福直至内心平静。

4. 现在，祝福你的朋友和家人。想象一个朋友或家人，同时默默送出下面的祝福：

 祝你平安。

 祝你快乐。

 祝你健康。

 祝你的生活轻松自在。

 持续送出这些祝福，直至感受到心里爱的流动。

5. 现在，把这些祝福送给世界上的芸芸众生。持续送出这些祝福，直至感受到内心有种膨胀感。

小结和快乐行动步骤

专注感恩、练习宽恕、传播仁爱，你可以做到让爱引领生活。夯实心的支柱，你会感觉更加平静、更富有同情心。按照以下步骤去养成让心充满爱的快乐习惯：

1. 玩感恩游戏。睡前想五件当天让你感恩的事。如果愿意，把这五件事写在日记里。
2. 尝试戴维的“完满”练习。为当天选一个主题（如：水），每当有什么事让你想到水的时候，就用水作为体验当下无须理由的感恩的提示。

3. 像里科一样，每天特意大笑几分钟。
4. 做心脏数理研究所的快速和谐法练习，保持心律平稳。
5. 尝试宽恕练习，找到你心中的同情心，让原谅变得更容易。
6. 每天做仁爱练习，不管你身在何处，通过思想和行为传播仁爱。

第6章

快乐家园的身体支柱——让细胞快乐起来

健全的身体加上健全的心理是对世间快乐简短而全面的描述。

——约翰·洛克（John Locke），17 世纪英国哲学家

快乐不只是一种心理状态，也是一种生理状态。事实上，我们的身体就是要支持我们的快乐的。著名的神经生理学家坎达丝·珀特博士在其畅销书《情感分子》（*Molecules of Emotion*）中证明了这种“心—身—快乐”的关系。她解释说，当我们感到快乐时，“快乐液”会让我们生气勃勃、活力四射。“快乐液”是身体和大脑分泌的化学物质，是我们积极体验的物质基础。

没有哪种药物比大脑中已经存在的这些化学物质效力更强。大脑每秒发生的化学反应超过10万次。大脑里有一批真正增进快乐的天然药物：内啡肽、血清素、催产素、多巴胺等。内啡肽是大脑的止痛药，药性比吗啡强3倍；血清素具有缓解焦虑和抑郁的功效；催产素可增进人与人之间的情感联系；多巴胺可以提高大脑的灵敏度，提升人的快乐感。它们正等待着被释放到你的身体里的每一个器官、每一个细胞中。你的大脑全天候营业，在你需要的时候可以随时制造这些让你快乐的化学物质。你的细胞快乐了，你也就快乐了。

在前面两章里，我们已经知道如何让思想和情感影响自己的幸福设定点。这一章我们来看看如何通过饮食、活动、呼吸、休息和面部表情保持大脑中快乐物质的平衡，使其对你产生有利影响，帮你克服不快乐。

我在本书中提到不快乐的时候，指的是常见的不快乐而非临床抑郁症。临床抑郁症是一种医学病症，需要专业的干预治疗。如果你在临床上被诊断为抑郁症，那么你必须配合专业的医疗人员解决导致你生病的化学失衡问题。当然，练习本章提到的养成快乐习惯的方法，增强快乐家园的身体支柱，可以有力辅助抑郁症的治疗。

剥夺身体快乐的因素：压力和毒素

如果身体就是用来支持快乐的，为什么不是所有人都快乐呢？看看我们的生活吧。我们很多人像蜜蜂一样四处奔忙，发疯似的同时做很多工作，匆匆忙忙地吃饭。饮食不健康、缺乏运动、休息不当，这些紧张的生活方式影响了我们制造快乐细胞的能力。

压力是剥夺我们快乐和健康的主要因素。科学证据表明，超过 90% 的疾病与压力有关。很多人都感到焦虑不安、疲惫不堪，但他们无视这些症状，每天快节奏地生活，用药物缓解疼痛却不解决深层的根本问题。

此外，我们每天都会接触环境毒素，如精加工食品中的化学添加剂、农产品中的杀虫剂、肉和奶中的激素、受污染的空气和水。如果我们的细胞得不到必要的支持，就会失去健康和活力，枯竭而死，我们就会感觉能量低、不快乐。幸运的是，有一些方法可以让我们的细胞恢复活力，重新高唱健康之歌。

恢复细胞活力

有很多方法可以让我们的细胞快乐起来：感到疲劳或不适的时候不继续逞强、清理体内积累的毒素、减少新毒素的摄入、利用大脑里的化学物质体验更多快乐。

大量研究显示，唱歌、听轻松的音乐、爱抚宠物、按摩、拥抱、从事园艺活动等日常活动可以促进与快乐相关的化学物质的分泌。甚至微笑都可以提高我们的快乐水平。

蒙娜丽莎的观念很正确。我们在使用面部肌肉表达情绪时，会触发某种大脑神经递质。研究肉毒杆菌毒素效果的科学家发现，抑郁症患者在做除皱治疗时，其抑郁的情况得到缓解。法国生理学家伊斯雷尔·韦恩博姆的研究显示，皱眉会引起皮质醇、肾上腺素和去甲肾上腺素等应激激素的分泌，导致血压上升、免疫系统变弱、人体对抑郁症和焦虑症的易感性增加。微笑可以减少这些应激激素，产生内啡肽等让人快乐的化学物质和增强免疫力的T淋巴细胞，从而帮助你放松肌肉、减轻疼痛、加速康复。

“好消息！他们找到了捐献者，可以做微笑移植。”

如果想成倍增加微笑的益处，痛痛快快地大笑吧。许多研究证实，大笑是最佳良药，可以使应激激素减少，让快乐激素迅速增加。

快乐：正是我所需

快乐有益健康。过去20年，大量研究显示，满足感可以增强免疫系统，预防疾病。

- 和一般人相比，快乐的人患感冒的概率低35%，注射流感疫苗后产生的抗体多50%。
- 快乐量表和乐观量表得分高的个体，罹患心血管疾病、高血压和传染病的风险降低。
- 幽默感是内心快乐的象征。保持幽默感的人比没有幽默感的人长寿，有幽默感的癌症患者的生存优势特别高。一项研究表明，幽默感使癌症病人的过早死亡率降低了70%。

快乐和健康产生正向的反馈循环，即改善其中之一，另一方面也自然随之改善。

生活习惯要么使能量下降，让我们感觉疲劳、不舒服，要么使能量增加，让我们感觉快乐、健康。

虽然你可以尽全力维持身体健康，但身体还是会遇到各种各样的挑战。但无论如何，做到快乐无须理由是可能的。我采访的快乐百人中有些人有健康问题，甚至有些人身患不治之症，但神奇的是，他们的痛苦和快乐似乎可以共存。他们不由自主地表现出快乐，不管经历了什么总能展现出平静、幸福的状态。

实践以下快乐习惯，让自己的细胞快乐起来，你也可以拥有同样不可动摇的快乐心态。

能量下降	能量增加
感觉紧张、焦虑	感觉健康、快乐
吃精加工食品	吃新鲜的天然食品
体内化学失衡、激素失衡	体内系统平衡
胸腔浅呼吸	腹腔深呼吸
身体脱水	喝充足的水
总是窝在沙发上看电视	保持积极的生活方式
皱眉	微笑
无视身体的信号	倾听身体的需要

让细胞快乐起来的快乐习惯

1. 滋养身体。
2. 给身体增添能量。
3. 倾听身体的智慧。

让细胞快乐起来的快乐习惯之一：滋养身体

告诉我你吃什么，我就告诉你你是什么样的人。

——安泰尔姆·布里亚-萨瓦兰（Anthelme Brillat-Savarin），18世纪法国作家、美食家很多年，我的细胞都不快乐，因为我没有好好给它们提供养分。年轻时，我的饮食主要是脆皮培根、多汁的汉堡、杯子蛋糕（祖父每个星期为我带来的礼物）、奶酪夹心饼干和雪白的“神奇面包”（号称“12 天打造强壮身体”）。我吃的蔬菜和水果只有胡萝卜、芹菜和苹果这三样，而且吃得很少，为的是留出肚子吃薯条、喝奶昔。我总感到筋疲力尽，所以要经常补充糖分，从早到晚在冰箱里找冰激凌吃，给身体补充能量。我会在享用圣代的时候再配一罐低热量的饮料——谁想喝普通饮料摄取额外的热量呢？

成长中的身体让我喂得很好，身体确实长了，体重超了 20 磅[一]。这个体重对 16 岁但身高只有 5 英尺[二]的我来说真的不少。让我苦恼的不只是变胖。我总是感觉身体疲倦、无精打采、闷闷不乐。摄入糖分之后有短暂的兴奋，但之后便是精神萎靡，这让我感觉愈加疲惫。

上大学后，我决定改一改自己的饮食习惯。17 岁时，我喝完最后一罐低热量的饮料，不再碰糖，开始吃素。自从我不再吃含碳水化合物的精加工食品，改吃全天然健康食品，我惊奇地发现原来有很多美味的蔬菜和水果。

起初，我改变饮食是因为害怕在公共场所穿短裤。但我很快发现，与不吃不健康食品之后精力充沛的感觉相比，任何瘦

㊀ 1 磅 =0.453 千克。——译者注

㊁ 1 英尺 =0.3048 米。——译者注

身方面的成功都显得微不足道。我感觉更轻松、更快乐，头脑更清醒——感觉更像自己了。明白了精力、情绪和食物之间的关系，我再也不想回到吃“神奇面包”的日子，不想再有无止境的疲惫感。

让细胞不快乐的不一定总是不良饮食。有时候，大脑里的化学物质或激素失衡也可能是影响因素。我亲爱的朋友凯瑟琳·奥克森伯格就是这种情况。乍看起来凯瑟琳应有尽有：美貌、智慧、好丈夫、可爱的孩子、令人满意的事业。所以当人们得知她要努力克服疲惫感、疾病和不停反复的消沉感时都非常惊讶。接下来，我们就看一看凯瑟琳的故事。

不再疲劳不适

大多数小女孩都梦想自己是公主，但是我可以凭经验告诉你，事情并不总是那么美好。虽然我生来是公主，有欧洲皇室血统，但我小时候并不快乐。我六岁时，父母离婚，母亲带着我和姐姐在伦敦生活。有一次，我记得母亲对我说：“凯瑟琳，你能不要整天闷闷不乐吗？”

我也不想这样，但就是忍不住。现在想想，闷闷不乐应该是血清素（一种快乐激素）水平低造成的。十几岁时，我学会通过吃东西让自己感觉快乐一些。表面上，一切看起来都很完美：我学业出色，被哈佛大学录取，之后成为成功的模特和演员。

我拍电影，还在热门电视剧《豪门恩怨》(*Dynasty*)中担任主演。但是这些年我一直通过暴食然后呕吐的方式治疗自己内心的痛苦。反复暴食和呕吐的恶性循环让我感觉更加糟糕。有一次，医生开了抗抑郁药给我，希望对我有帮助。

抗抑郁药不是我期待的灵丹妙药，虽然我确实感觉好了一些。后来，我发现自己怀孕，停止了药物治疗。女儿出生后，我也没有再吃抗抑郁药。接下来几年，我时断时续地和贪食症做斗争。经过努力，我终于摆脱了贪食症的魔爪，但还是很容易而且经常陷入不快乐的状态。

之后不久，我遇到了演员卡斯珀·范·迪恩，我们相爱、结婚。然而，婚后不到一年，我全身开始疼，感觉像是一直在患轻型流感。我被确诊患上纤维肌痛综合征。这是一种慢性病，主要特征为肌肉、韧带和肌腱广泛性疼痛。我明白，没有了精神上的痛苦，我把不快乐转移到了肉体上。我想我所患疾病是我身体体验抑郁的方式。事实上，我服用小剂量抗抑郁药后，身体的疼痛大大减少了。

卡斯珀和我已经有三个孩子，但我们想要有共同的子女。做此决定后，我停止药物治疗，不到一个月我怀孕了，纤维肌痛综合征也随之消失。

和卡斯珀的第二个孩子出生后，我已经43岁，是五个孩子的母亲，而且有两个孩子还不满3岁，这样严峻的现实让我原本已经虚弱的身体雪上加霜。我总感觉筋疲力尽、身体不适。

我不能集中精力，记忆力也出现了问题。我肯定自己患上了早发型阿尔茨海默病。

每天早上，我的情况尤其糟糕。即使有一整晚充足的睡眠，我还是感到疲倦，早上都是卡斯珀起床给孩子们做早饭，送他们上学。我记得有一天早上，我的大女儿印蒂亚走进我的房间叫醒我。她想让我和大家一起吃早饭。我对女儿说："宝贝，妈妈很累，感觉很不舒服。"印蒂亚看着我，表情忧伤，她说："妈妈，你总是不舒服。"说完转身离开了房间。女儿的话让我很难过，我把身体蜷缩成一团，忍不住哭起来。她说得很对。

我知道我的情况非常不对劲，但没有医生知道问题出在哪里。我血液的各项指标都很正常，医生唯一的建议是让我重新服用抗抑郁药，但我讨厌抗抑郁药的那些烦人的副作用。一定有某种天然的方法可以让我感觉好一些，只是我不知道而已。正当我无计可施时，可以帮我的方法以一种我从未想到的方式出现了。

当时是凌晨3点，我正搭乘飞机前往佛罗里达看望我丈夫那边的亲戚，和他们一起过圣诞节。夜航真是一场噩梦。两个年幼的孩子不肯睡觉，打打闹闹、哼哼唧唧，很难搞定。最后，孩子们终于安静下来，我也深吸一口气，闭上了双眼。疲惫感和绝望感突然来袭，好像有千斤重。

我无法入睡，只好从前面座椅后背的口袋里拿杂志出来翻阅。翻着翻着，我突然被上面的一个大号标题吸引：你是否已经厌倦了疲劳不适的感觉？我立即感到一阵寒意，寒毛竖了起来。我继续浏览文章的内容。你是否已经厌倦了医生对你说你的身体什么毛病都没有，虽然你感觉疲惫、精神不振、头脑不清，但你的血液指标极佳？你是否因为太过疲惫而无法享受生活？

我眼里充满泪水。以前我一直感觉羞愧，深信我的问题都出在自己的脑子里。现在发现有这种感受的不止我一人，我感到轻松许多。我继续读。

文章介绍了一家诊所，这家诊所专门使用保健品、天然激素和适当的方法帮助病患达到身心平衡。我读到一名采用这种天然治疗方法的45岁女患者的经历时，大为震撼。这名女患者不就是我嘛。她说的每一个症状我都有，不同的是，她遵照诊所的建议，已经摆脱了痛苦，比以前健康了很多。我撕下这页纸放进我的钱包里，然后靠在座椅上默默地祷告，感谢这个意想不到的转机的到来，之后我便睡着了。

从佛罗里达回到家中，我预约了杂志里提到的医生。就诊时我发现我经历的这些是不同年龄女性的常见问题，不只是女性，男性也有这些问题。问题的根源是体内激素失衡，失衡的激素产生了多米诺骨牌效应，影响了我的甲状腺和肾上腺，严重损害了我的健康。

我的饮食也是致病因素之一，于是我按照医生的建议禁食糖、酒、奶制品和谷物一个月。我从坚果酱、牛油果、橄榄油和椰子油中摄取适量的健康脂肪，从有机肉、蛋和鱼中获取各种各样的蛋白质，还吃了大量的蔬菜。

一开始变化并不明显，但仅仅两周之后，以前下午3点惯有的萎靡感就彻底消失了。此后我发现，人体会在下午3点停止分泌血清素为夜间休息做准备。30天过去，我感觉很好，于是我决定继续我的治疗计划。又一个月过去了，我不得不佩服这个治疗方法的神奇效果，我的身体、头脑和精神都发生了彻底的改变。

现在，虽然我在饮食里重新加入了一些东西，但我一直坚持只吃少量的糖和含碳水化合物的精加工食品，这样做是因为我确实能感觉到吃与不吃这些食物的差异。总的来说，我现在感觉非常健康，也不再感到疲劳。我感觉自己充满活力、头脑清晰，我又有了力气，超出的体重也在慢慢减少。最好的是，我可以陪伴我的孩子们了。我记得，治疗计划开始大约一个月后的一天，我最小的女儿一大早跑到我的卧室叫我起床做早饭。我立即掀开被子，和她比赛冲到厨房。我准备拿起一杯印度香料茶，像以前那样让自己清醒一下，这时我突然意识到我已经清醒了！自此以后，我成了家庭早餐聚会中的一员。我不知道这个变化让谁更开心，是我还是孩子们？

一次地狱式的航空之旅最后竟然成为我逃离炼狱的起点，是不是有些出人意料？现在我大脑里的化学物质和激素处于平衡状态，我可以感受到孩子们脸上洋溢的快乐。我发现了身体健康的关键，开启了快乐生活的大门。

＊ ＊ ＊

饮食的力量

正如凯瑟琳发现的那样，感觉身体健康的一个根本方法是让体内的天然的化学物质在平衡的状态下发挥功效。我们吃的食物起着关键作用。本书并不是一本有关饮食健康的书。在此，我想提供一些总的指导原则，让你不但可以通过饮食增进健康，还可以拥有快乐的细胞。饮食对快乐有巨大的累积性的影响，知道这一点是我坚持“滋养身体”的强大动力之一。

让细胞快乐的营养指南

1. 选择产生快乐的新鲜的全天然食物

由新鲜的全天然食物构成的均衡饮食能给我们的大脑提供必需的原材料，确保我们每天产生充沛的“快乐液”。缺少这些原材料，我们体内会出现生化紊乱，导致血糖升高、肾上腺疲劳、缓解每天生活压力的重要激素缺乏。

吃全天然食物意味着给身体提供最接近自然的食物。不要吃盒装或罐装的“人造食物”，因为它们在加工、保存和使用合成材料包装的过程中，多次离开原始来源。你应该在超市购买果蔬和新鲜的鱼、肉、禽等食物，不要购买盒装、罐装和包装好的食物。全谷物、有机农产品和不含激素的肉、禽、奶制品等全天然食物的价格确实更高，但是吃新鲜的全天然食物可以让你的生活更健康，少看医生。

2. 让身体保持充足水分

身体脱水，细胞是不可能快乐的。我们需要水，因为我们的身体主要由水组成。我们要充分吸收食物中的水分。我们的身体需要氢和氧这两种化学元素，而这两种元素从水里来（这是我高中生物课学到的知识，只是很快忘记了）。身体缺水时，人们常常感到饥饿。下次你想伸手拿零食吃的时候，先喝一两口水吧。更好的做法是按照专家的建议养成喝水的习惯，每天的饮水量：数值上等于体重的一半，单位为盎司。例如，120磅的人每天应该喝60盎司[㊀]的水。

3. 少吃让你不快乐的食物

• **不吃糖：**知道让健康专家意见一致有多困难吗？但是，我采访的每一位专家都认同一个观点，即我们饮食中最厉害的快乐杀手是白糖。白糖的成瘾性很高，而且会严重危害我们的大脑，造成抑郁、焦虑和迟钝的低能量状态，也就是下午3点昏昏欲睡时的状态。遗憾的是，人工合成的代糖也好不到哪里去，很多报告都表明代糖有潜在的副作用。如果摄入的是天然糖，如新鲜水果中的糖，身体能消化得好一些。

• **控制碳水化合物：**谈到碳水化合物这类食物，“全天然”是很关键的一个词。我们吃面包、米饭，或者面粉制成的意大

㊀ 1盎司≈28.35克。——译者注

利面和起酥点心等精加工食物时，就拉响了高血糖警报。此时，体内的血糖水平会急剧升高和下降，持续影响我们的情绪和能量水平。标准美国饮食（简称 SAD——多么恰当的一个词）过多依赖淀粉类食物，即精加工碳水化合物。改吃糙米、藜麦、小米等全谷类食物是让我们迅速感到健康、快乐的简单却有效的方法。

• **戒掉咖啡因：**需要振奋精神的时候，很多人都会喝一杯含有咖啡因的咖啡或软饮料。咖啡因会阻断大脑中的腺苷，导致大量的肾上腺素大量进入血液。喝完咖啡或汽水后，人会感到警觉、兴奋、动力十足，但是这种振奋的状态会在 30~60

分钟内达到最高点，然后人又会感到情绪低落。试一试不含咖啡因的绿茶（普通绿茶含咖啡因）吧。此类绿茶有很强的抗氧化功效，可以让细胞快乐，同时也可以给你提供更持久的能量。

超级营养增进大脑和身体的快乐

有时我们可以通过增强身体营养的方法让细胞快乐。营养心理学专家、《情绪疗法》（*The Mood Cure*）的作者朱莉娅·罗斯认为，很多时候我们不快乐是因为我们的营养需求没有得到满足。有研究将我们的情绪与产生快乐的人体4种主要神经递质的平衡联系起来。这些神经递质的动力来源是氨基酸，如果体内的氨基酸含量足够而且这四种神经递质的水平高，那么你在生活中通常会感到快乐；如果体内的氨基酸含量不足或某种神经递质水平低，就会出现某种神经递质缺乏的特有症状。

4种神经递质和大脑

如果你的血清素水平高，你就会积极、自信、随和、易变通。

如果你的血清素水平降低，你往往会变得消极、忧虑、执着、易怒、难以入眠。

如果你的儿茶酚胺（去甲肾上腺素、多巴胺和肾上腺素属于这一类）水平高，你就会精力充沛、积极向上、警觉机敏。

> 如果你的儿茶酚胺骤减，你可能会陷入兴致索然、无精打采的消沉状态。
>
> 如果你的 γ-氨基丁酸水平高，你就会感到放松、无压力。
>
> 如果你缺少 γ-氨基丁酸，你会感到紧张、焦虑不安、不堪重负。
>
> 如果你的内啡肽水平高，你就会感觉舒适、愉悦、欣快。
>
> 如果你的内啡肽几近枯竭，你可能会在看广告的时候大哭，对伤害过度敏感。
>
> 摘自朱莉娅·罗斯的《情绪疗法》

在本部分的末尾，我们会附上朱莉娅·罗斯的“情绪类型问卷”，帮助你更准确地判断自己体内的氨基酸是否足够。

打扫“房子”

很多人体内积存了大量的毒素和垃圾，阻碍了“快乐液”的流动。有时候我们可以为自己的身体做的最好的事就是清理毒素和垃圾。净化身体是让细胞快乐的快捷方法，但是做法要得当。净化身体通常包括暂时改变饮食（有时还需要禁食）、沐浴排毒、服用排毒的草药。根据中医理论，人体的脏器会对应某种特定的情绪——肝脏对应愤怒，肾脏对应恐惧，肺脏对应悲伤，脾脏对应忧虑，不同脏器都有特定的清洁方法。一些专家建议季节交替之时定期清理体内的毒素和垃圾。重要提示：净化身体之前一定要咨询医生，患有某些疾病的人不适合排毒。

激素与快乐

凯瑟琳的治疗计划的另一个构成要素是激素。虽然激素对女性的影响大于男性，但对生活中经历不愉快的人来说，激素都是需要考虑的重要因素。激素是人体细胞的营养液，关系到每一个器官的功能，特别是大脑功能，因此激素失衡会严重影响人的情绪。

不是所有激素替代品都一样。很多人喜欢服用生物同源性激素。生物同源性激素是化合物，与人体内产生的激素具有完全相同的化学结构。女性健康专家克里斯蒂安·诺斯鲁普博士说：“因为生物同源性激素与人体产生的激素一样，所以其生化效果也与人体中的激素一致。与人工合成的非生物同源性激素相比，补充小剂量生物同源性激素产生不可预知的副作用的可能性更低。”

投入时间探索滋养身体的不同方法是值得的，这可以为你的快乐带来丰厚的红利。

情绪类型问卷

如果你有下列相同症状，请写下症状对应的分数。计算每部分的总分数，与该部分的临界分数比较。令人兴奋的是，你可以很容易地从营养补充剂中获得大脑所需的氨基酸，而且一旦神经递质获得所需的“燃料”，你的情绪便可以在很短的时间内得到改善。

第一部分：你是不是感觉愁云惨雾、郁郁寡欢？如果是，你的血清素水平可能偏低。

1）你是否有消极倾向，认为装了半杯水的杯子是半空的而不是半满的？你是否有阴暗、消极的想法？（3分）

2）你是不是经常焦虑？（3分）

3）你是否有低自尊和缺乏自信的感觉？你是否很容易自我批判、感到内疚？（3分）

4）你的行为会常常变得有点（或非常）执着吗？从执着转变为变通对你来说很困难吗？你是完美主义者或控制狂吗？你有洁癖吗？你是工作狂吗？你玩电脑或看电视上瘾吗？（3分）

5）你是不是真的讨厌阴沉的天气？你有明显的秋冬抑郁症吗？（3分）

6）你经常易怒、不耐烦、紧张、焦虑、生气吗？（2分）

7）你容易害羞或害怕吗？你会因为高度、飞行、密闭空间、公开表演、蜘蛛、蛇、桥、人群、离家或其他事物变得紧张或惊恐吗？（3分）

8）你以前有过焦虑发作或惊恐发作吗（心跳加快、呼吸困难）？（2分）

9）你有经前期综合征或更年期情绪多变吗（爱哭、易怒、沮丧）？（2分）

10）你讨厌炎热的天气吗？（3分）

11）你经常熬夜吗？你经常发现自己难以入睡，即使想睡的时候也是如此吗？（2分）

12）你会半夜醒来，睡不安稳或睡眠轻吗？你会早上醒得太早吗？（2分）

13）你会经常性地在下午、晚上或半夜吃甜食、吃淀粉类食物或者喝酒吗？（3分）

14）你会因为锻炼减轻以上任何症状吗？（2分）

15）你有过纤维肌痛综合征（不明原因的肌肉疼痛）或颞下颌关节紊乱综合征（下颌关节疼痛、下颌肌肉紧张、磨牙）吗？（3分）

16）你有过自杀的念头或计划吗？（2分）

总分 ________。如果该部分的总分超过12分，就说明你可能缺乏血清素。

第二部分：你感觉无聊、没精打采吗？如果是，你体内的儿茶酚胺水平可能偏低。

1）你经常感到消沉、沮丧，对人对事缺乏兴趣，冷漠、

厌倦吗？（3分）

2）你的体力和精力差吗？是否经常感到疲倦，必须强迫自己运动？（2分）

3）你的干劲、热情和动力是不是不高？（2分）

4）你是否有注意力和专注力方面的问题？（2分）

5）你是不是很容易感到冷？是否会手脚冰冷？（3分）

6）你是不是很容易长胖？（2分）

7）你是否需要喝大量咖啡或者靠大量“兴奋剂”（如糖、汽水、麻黄等）让自己更清醒、更有动力？（3分）

总分 ___________。如果该部分的总分超过6分，就说明你体内的儿茶酚胺水平可能偏低。

第三部分：你有压力问题吗？如果是，你体内的γ-氨基丁酸水平可能低。

1）你经常感觉自己劳累过度、压力大吗？（3分）

2）你是否很难让身体或精神放松？（1分）

3）你的身体是否容易僵硬、紧张？（1分）

4）面对压力时你是否很容易心烦、懊丧、暴躁？（2分）

5）你是不是很容易感到冷？是否会手脚冰冷？（3分）

6）你是不是很容易长胖？（2分）

7）你是否经常感到不堪重负？是否经常感觉好像没办法把事情都做完？（3分）

8）你是否有时感觉身体虚弱或发抖？（2分）

9）你是否对亮光、噪声或化学烟雾敏感？你需要经常戴墨镜吗？（3分）

10）不吃饭或走很远的路没有进食的时候你是否感觉糟糕很多？（3分）

11）你是否需要借助烟草、酒精、食物、药品让自己放松、冷静？（2分）

总分 ________。如果该部分的总分超过8分，就说明你体内的 γ-氨基丁酸水平可能偏低。

第四部分：你是否对生活的痛苦过于敏感？如果是，你体内的内啡肽水平可能低。

1）你认为自己或者别人认为你很敏感吗？感情上的痛苦或身体上的痛苦真的会让你烦恼、生气吗？（3分）

2）即使看广告的时候你也很容易落泪或哭泣吗？（2分）

3）你常常逃避不去处理痛苦的问题吗？（2分）

4）你很难走出亲人去世的悲痛或走出悲伤吗？（3分）

5）你经历过很多身体或情感上的痛苦吗？（2分）

6）你是否渴望通过享受巧克力、面包、葡萄酒、爱情小说、烟草或拿铁咖啡得到快乐、安慰、回报、乐趣或麻木感呢？（3分）

总分 ________。如果该部分的总分超过6分，就说明你体内的内啡肽水平可能偏低。

让细胞快乐起来的快乐习惯之二：给身体增添能量

有一种活力、一种生命力、一种能量、一种生命的萌动，借助你的身体而转化为动作……保持身体的通道畅通。

——玛莎·格雷厄姆（Martha Graham），20世纪舞蹈家、编舞家

如果从来不让车停下来或不给车加油，你就无法指望它好好地运行。然而，我们常常忽视我们的身体，不让身体休息或不给它补充能量，却期待它像劲量兔子[一]那样一直工作。要想获得自然的快乐，维持生活平衡，我们需要通过适当的休息、呼吸和运动给我们的身体添加能量。

东方文明很早就认识到人体内存在一种重要的生命力或能量。这种生命力在中国被称为“气”，在印度被称为“普拉那”（prana，生命气息）。身体里这种重要的生命力增加，给整个身体系统增添活力，调动治愈能力，消除抑制快乐的障碍。

有意义的运动

体育课应该被称为“快乐101”！研究显示，运动的人更快乐。如果把某种运动，如散步、跑步、游泳、跳舞、气功或瑜伽，变成日常习惯，你可以彻底改变生活。运动时大脑可以

[一] 20世纪末的一个电池广告形象——一只粉色的兔子。

得到更多氧气，但更重要的是，运动可以让身体分泌重要的化学物质，对人的能量、情绪和健康产生有益的影响。在最近一项关于运动员的研究中，哈佛大学精神病学家发现，运动之后，人体内的多巴胺、血清素和去甲肾上腺素这些快乐物质的水平都升高了。事实上，数十项研究表明，运动通常和某些药物具有同样的缓解抑郁的效果。

运动还可以帮助缓解和预防焦虑，产生的镇定效果可以在运动后持续大约 4 小时。激烈运动后立刻打一架？这是不可能的！运动还会让体内的神经递质内啡肽的含量增加约 500%。

美国哥伦比亚大学临床医学助理教授、《明年更年轻》（*Younger Next Year*）一书的作者亨利·洛奇博士解释了运动如何对细胞产生影响，从而让人保持活力和健康。他说人体每天更新约 1% 的细胞，人们每 3 个月就会有一个全新的身体。运动的时候，人的肌肉会分泌某些物质让细胞生长。如果整天窝在沙发上看电视,那么肌肉会分泌某些化学物质让细胞死亡。动机够强吧！如果你一月份开始运动，四月份时就可以有一个全新的拥有强壮、快乐细胞的身体。

要想增强运动效果，就要有意识地运动。有意识、有目的地移动身体是气功如此有效的原因之一。你可以采取同样的方式来做任何运动。例如，出发去散步时，你可以对自己说："我散步的时候，体内所有的通道都会变得更加畅通无阻，我会敞开心扉拥抱自然，散步结束时，我的生命能量会变得更强。"

这样做可以大大提高运动对快乐的影响。

不离开椅子也可以给身体增添能量。布莱恩·悉达多·英格尔是一名整骨医生，专门研究被称为汉纳身心教育（Hanna Somatics）的神经肌肉教育。他告诉我，他每天都可以看到人们的坐立姿势是如何影响他们的能量和快乐水平的。下一次你感到焦虑、紧张不安或情绪低落的时候，注意一下你的肩膀是不是耸起的。英格尔博士建议不要急着把肩膀放下来，相反地，要加大这个动作让肩膀继续向耳朵靠拢，然后再慢慢地放下肩膀。做这个动作 3~4 次，看看你的紧张和焦虑是不是有所缓解。

生命的气息

几个星期不吃东西或者几天不喝水，人都可以活下来，但是如果不呼吸，人只能坚持几分钟。呼吸是为身体增添能量最重要的一步。几千年来，很多文明都知道有技巧的正念呼吸对于维持最佳健康和快乐的重要性。过去 30 年，数百个涉及数千名参与者的研究显示，呼吸技巧可帮助人们缓解焦虑、抑郁和慢性疲劳，让思维更清晰。现在，美国食品及药物管理局（FDA）也批准将呼吸训练作为一种公认的高血压治疗方法。

把一只手放在肚子上，注意此刻你是如何呼吸的。看看你的手是否会随着你吸气和呼气的动作上下起伏。如果和多数人一样，你只用胸腔呼吸，那么你放在肚子上的手是不会动的。在我的采访中，阿育吠陀医生[㊀]、《身体、思想和运动》（*Body*,

㊀ 阿育吠陀是印度古老的医学体系。

Mind，*and Sport*）一书的作者约翰 · 杜亚尔博士告诉我："虽然浅层呼吸可以维持生命，但是氧气没有到达更深的细胞层。更深的细胞层需要氧气来疏通细胞通路，为增进快乐的化学物质的流动开辟道路。用腹腔进行深层呼吸是我们清除体内垃圾非常有效的方法之一。"

呼吸方式和我们的情绪有着密切的关系。每个情绪状态都有自己的呼吸模式：当我们焦虑时，我们的呼吸快而浅；当我们悲伤时，我们会重重地叹息；当我们愤怒时，我们的呼吸重且急促。但是这种关系也可以反过来：如果你以自己焦虑、悲伤或愤怒时的方式呼吸，会刺激与这些情绪相关的大脑区域，很快你就真实感受到这些情绪了。下次你感到激动或焦虑的时候，试着连续做 5~10 次腹式深呼吸，注意呼吸对身体产生的即刻的镇定效果。

睡出快乐

睡眠是一种天然的给身体充电的方法。虽然我们都知道睡眠充足时我们更快乐，但是问到每晚是否能睡足 8 个小时时，多数人都会干笑着回答："有莱特曼或莱诺的脱口秀节目可以看，有账单要付，有孩子要照看，有各种问题要担心，谁有时间睡觉呢？"

我为《财富》世界 500 强公司担任咨询师的时候，每次听到人们谈论睡眠都会感到惊讶，他们好像在比赛谁的睡眠时间更少。一位主管会说："我每晚只睡 5 个小时。"她的同事会说：

“真的吗？我睡觉的时间从来没超过4个小时。”他们会吹嘘着说如果要做的事情太多，他们会再减少几个小时的睡眠，这样就可以完成更多工作，胜别人一筹。每晚睡的最少的人获胜。

睡眠很少并不是什么值得吹嘘的事。根据美国疾病预防控制中心的说法，安稳睡眠的多少与快乐水平之间有非常紧密的关联。2004年12月的《科学》杂志上的一项研究报告指出，睡眠质量对我们是否快乐的影响比家庭收入或婚姻状态更大。这个研究发现让我很惊讶。谁会想到打盹会战胜工资和配偶呢？

我赞成阿育吠陀医学的说法：午夜之前一小时的睡眠等于午夜之后两小时的睡眠。我曾经看过的阿育吠陀医生，是一个还没有我高的小个子男人，年纪至少有100岁了。他的脸皱得像葡萄干，但是头发都在。他笑容灿烂，眼睛炯炯有神。他的眼睛是我见过的最有神的眼睛。他告诉我如果我感觉不开心或心烦，应该试一试连续3个晚上10点（最好9点）之前睡觉，然后看看感觉如何。每次我照他的说法去做，第三天的时候都感觉面前是一个新世界，我又变成休息充分、精力充沛、开心快乐的人了！我把这个做法叫作“赶上10点的天使列车”，这绝对是我非常喜欢的快乐习惯之一。这些年，我把这个做法推荐给很多人，所有做过的人都对我再三感谢。

作为下个星期的实验，把睡个好觉定为你的首要任务吧。

没有你，莱特曼和莱诺也会不畏困难继续前行，而你会快乐得多。

要让身体充满活力，需要回到一些基本的事情上：让身体动起来，深呼吸，充分休息。

让细胞快乐起来的快乐习惯之三：倾听身体的智慧

只有真正爱并尊重我们的身体，我们才能与身体保持和谐统一。我们不可能与敌人好好沟通。

——哈丽特·勒纳（Harriet Lerner），
临床心理学家、作家

我对快乐百人的采访显示，在做与健康有关的选择时，他们始终倾听身体的智慧。休息、喝水、沐浴、运动，这些自我滋养活动让我们维持平衡状态。知道什么时候休息，什么时候多喝水，什么时候沐浴或运动，是我们所有人都可以养成的习惯。

虽然任何时候我们的身体都知道什么才是对我们最好的，但我们常常置之不理。当我们开始倾听身体的智慧时，这便是“美好关系的开始”。美好的关系让我们的细胞快乐得多。

在我采访快乐百人之一、作家、意识领域的先驱盖伊·亨德里克斯的过程中，他给我讲了下面这个故事。他的故事说明听从身体真正的需要去生活会产生极大的影响。

神奇的钥匙

我从出生的那一刻开始就是个胖子。整个童年到成年后的很多年，我都认为身材肥胖是一种诅咒。为此，我怨命、怨天、怨父母。有时候我还怨我狼吞虎咽吃下的所有诱人的食物。不过，我最常怨我自己，怨自己的食欲永远无法满足，怨自己缺乏毅力，怨自己贪吃油腻的食物。在非常糟糕的日子里，我相信我身体里有一个深坑——一个根本的缺陷。我不确定是身材肥胖让我不快乐，还是不快乐让我肥胖。这些都不重要，事实就是我非常胖、非常不快乐。

情况一直是这样，直到我二十四五岁。一天，在研究生心理学课上做练习时，一个名叫乔治的同学看着我的眼睛问："你的体重是多少？"

听到这个问题我很震惊，只能结结巴巴地说："你是什么意思？"

他用更简单的方式问我："你为什么这么胖？你为什么年纪轻轻就这么努力地要杀死自己呢？"

我大为惊骇。他问我的事是绝对不能提的。我家里人带我看过十几个不同的医学专家都没能解决我的肥胖问题，但是他们从来没有当着我的面谈论过这件事。我的同学做了一件从来没有人对我做过的事：他直视着我，问我为什么这么胖。

我呆住了，避开他的眼神，含含糊糊地说了些腺体有毛病、有家族肥胖史之类的话。他看着我，怜悯中略带嫌恶。“只是这样吗？”他问道，“你要说的就只是这些吗？”

我没回应，他叹息一声，接着我们继续课堂活动，这让我松了口气。问题是，那天晚上我失眠了。我在脑海中无数次回放乔治的问题，但是找不到答案。

之后一个星期，这个问题一直在我脑海中挥之不去。我变得越来越疲惫、烦躁，工作开始懈怠，不停地和妻子吵架。一个寒冷的冬日，我在一段荒无人烟的乡村小路上散步。

想象一下，一个梨形身材、300磅重的男人步履沉重地走在乡间小路上，这个男人肥胖的身体把橘色棉衣塞得鼓鼓的。天空泛着微光，周围一片寂静，只有我的靴子踩在雪地发出的嘎吱嘎吱的声响。我陷入了沉思。

突然，我两脚向前一滑，摔倒了。我一定是踩在了薄雪覆盖的冰上。我的后脑重重地撞上结冰的路面，我眼冒金星，身上传来一阵剧痛。

下一刻，疼痛消失，我身上发生了非常奇怪的事。突然之间，我感觉有两个自己身处异地！一个我在空中俯视我的身体，同时另一个我在地上透过身体望向天空。

通过这个独特的双向视角，我第一次可以深入地审视自己。我发现我的思想、身体、心灵并不是像我一直以为的那样是分离的。在缓慢的意识改变状态下，我看清了自己每天为了自我保护而进行的情感防御。我突然找到了乔治那个问题的答案：进食是我逃避痛苦的方式！我制造了一个脂肪盔甲保护自己，让自己远离恐惧、悲伤、羞耻和丧失感。这个策略的问题在于我对食物的渴望加重了内心的空虚感和痛苦。这完全是恶性循环。

我躺在那里，身体放松，进入一种充实的状态，我意识到那是我的灵魂，同时感觉到我的痛苦在消失。这种充实扩散到身体的每一个部分，我的思想、身体、情感，让我全身充溢着活力和满足。我有个奇怪的感觉：我彻底满足了，这可能是我人生里第一次感到满足。

这是一种完满的感觉，是我以前想从小零食、三明治和汽水那里寻求的感觉。我现在感觉充实极了，感觉得到了滋养。我发现，因为我在心里筑起保护墙以躲避痛苦的感觉，所以我遗失了身体的智慧，丢掉了精神。难怪我有一种食物无法满足的饥饿感！

这时，我睁开了眼睛，我又回到日常世界。我站起身，掸掉身上的雪，站在那里四下望了望。我做了一个选择，那是我身体里的每一个细胞的选择。做这个选择时，我感觉身上有一种欢欣，这个感觉非常清晰。我对自己说："从今天开始，我决定倾听身体的智慧，真正从内滋养自己。"然后，我微笑着，带着重拾的快乐，朝着家的方向走去。

之后12个月，我减重100多磅。我不会骗你说这很容易，但是我可以诚心地告诉你这很简单。在冰面上摔的那一跤给了我一把神奇的钥匙，这把神奇的钥匙仅仅是一个举动：做任何事之前，我都会利用身体的内在认知，然后问我自己：“这真的能满足我吗？”

很多年来，关于蛋白质、碳水化合物、热量和节食该有的知识我都有，但是关于从内滋养自己这件事，我却一无所知。神奇的钥匙改变了一切，包括我和食物之间的关系。摔倒后的第二天早上，我仔细考虑了自己的标准早餐：牛奶麦片加几勺糖。我最喜欢的是吃完麦片后碗底牛奶里剩下的还没有融化的一层糖。我喜欢那种甜甜的奶味，虽然我知道吃完早饭的一个小时后，我会因为这些糖而感到肚胀、暴躁。

习惯拉着我走向放麦片的橱柜。但这一次我停了下来，我提醒自己要遵守听从身体真正需要的承诺。看着装麦片的盒子，我问自己，“这真的能满足我吗？”我的身体立刻回答“不能”，同时喉咙和胃略微收紧。这就像踩刹车后听到汽车发出长长的、尖锐的金属摩擦声。

我走到冰箱前向里看，目光立即被一盒新鲜的蓝莓吸引。蓝莓本来是我永远都不会吃的食物，但是那天，这盒蓝莓像培根一样惹人注目。它们确实很漂亮。我从冰箱里拿出蓝莓，仔细看着。我拿起一颗蓝莓，问了自己同样的问题：“这真的能满足我吗？”我的身体说“可以”，然后心里感到轻松、敞亮。我把蓝莓丢进嘴里，慢慢咀嚼。味道真是好极了。直到今天，我还记得蓝莓在我口中爆开时那种鲜活的感觉。我心想：“能让我满足的食物味道是不是都这么好呢？”

我又拿起一颗蓝莓开始吃，但突然停下来，因为我意识到我吃这颗蓝莓仅仅是因为之前那颗味道太好了。于是，我又一次问自己："这颗蓝莓也能满足我吗？"我的身体回答说"可以"，我把蓝莓放进嘴里。在我第四次询问时，身体回答说"不能"，所以在我开始新生活的第一天早上，我吃了三颗蓝莓当早餐，而且我感觉棒极了！一个小时后，我饿了，我重复之前的过程。像魔术一样，我的胃和身体的其他部分都感到充实。

神奇的钥匙让我的生活变得异常简单。它告诉我吃什么食物、什么时候需要散步、什么时候关灯睡觉。它告诉我哪些朋友必须远离，哪些朋友可以继续交往。它告诉我为了事业成功，我需要做什么改变。应对所有事情时，我都用这把神奇的钥匙，每次都管用。

回想起来，我认为身材肥胖是我经历过的最好的事。与体重做斗争让我觉醒，我因此明白了一直想知道的事：怎样才能充满生机和活力，与万事万物和谐相处，包括与自己和谐相处——这是我以前一直没能做到的。如今，时时刻刻知晓身体的智慧已经成为我的无意识的选择，这个选择让我始终感觉生机勃勃、快乐满满。

神奇的钥匙彻底改变了我的身体和生活，让我懂得如何从内滋养自己。我的婚姻和事业，我写的书、上的课，都仰仗这种内在的自我滋养。我头上遭受猛烈的一击让我恢复理智，但这猛烈的一击把我带向了梦想的生活。

* * *

和身体对话

你在任何情况下都可以倾听身体的声音，只需问自己：**这是我身体真正想要或需要的吗？**或者问一些具体的问题：**我渴望的是什么？我有听从身体放松、减轻压力的呼唤吗？我要怎样给身体充电呢？**如果你仔细倾听，你的身体每次都会告诉你什么才是对你的健康和快乐最好的。有时候，像盖伊经历的那样，在心里发问可以立刻为你带来身体感受上的回答。

这是使用内心的定位系统，让你看清计划要做的事会让你的能量增加还是下降的完美时刻。如果始终选择去做那些让自己能量增加的事，就可以极大地增强快乐体验。

学会一门新语言

想要逆转衰老过程吗？根据人生教练、作家玛莎·贝克博士所说，当人们与自己的身体产生连接时，年龄就开始倒退。她说，当你接受身体正在经历的一切，即使是你不喜欢的事，这个连接便产生了。很多人无视身体的声音，这是因为他们对自己的身体有强烈的消极情感。在采访中，贝克博士告诉我，当人们对此刻正在感受的每一样事物怀有深深的同情而不是拒绝它时，人们就开始与自己的身体和睦相处，可以听到身体想要的是什么。你会对自己照顾的婴儿或心爱的宠物有温柔、关爱之情，想象你对自己的身体也有着同样的温柔和关爱。这种对身体的接纳可以激活与快乐、恋爱以及与周遭事物的和谐感有关的大脑区域。

当我们学会身体的语言并且开始温柔地对待自己时，我们会感觉生活在自己的身体里越来越自在，这能让我们体验到真正的无须理由的快乐。

练　习

与身体的智慧协调

1. 安静地坐着，闭上双眼。做几次深呼吸，放松身体。
2. 注意身体里感觉不适或紧张的部位。什么都不做，不管这个部位有什么情况，与它共处。不适是身体给我们的信息，但是我们经常无视它、小看它或者只想用止痛药赶走它。（如果身体没有不适的感觉，那就把注意力放在身体愉悦的感觉上。）
3. 问问感觉不适的身体部位需要什么。（或者问问整个身体需要什么才能达到最健康的状态。）
4. 现在注意有什么情况发生。你可能会在脑海中听到回答，也可能你感觉到或者想象出身体真正想要的是什么。例如，你可能看到一个自己散步、躺在草地上或做按摩的画面；你可能突然感觉口渴或者突然想吃某种食物；你可能只想大笑或大哭。
5. 感觉这个过程已经结束，向全身特别是方才倾听过感觉不适的身体部位发送爱的能量。感谢身体与你交流。

小结和快乐行动步骤

滋养身体、给身体增添能量、倾听身体的智慧，可以让你的细胞快乐，加固快乐家园的身体支柱，在生活中感受更大的快乐。遵循以下行动步骤，养成有关身体的快乐习惯：

1. 重新检视自己的饮食习惯，看看这些习惯是否让细胞快乐。选择产生快乐的食物。
2. 在一周之内不碰咖啡因和糖，控制碳水化合物的摄入，注意这样做对身体产生的影响。
3. 每天喝足够的水，看看是否感觉更精力充沛。
4. 咨询专业的医疗保健人员确定你身体里的激素是否平衡，是否需要通过补充氨基酸或禁食增进健康。
5. 尝试不同运动，看看哪些运动可以给你增添能量。运动时，要将意识知觉带到运动中。
6. 练习深层的腹式呼吸，特别是在你感到焦虑不安的时候。
7. 连续三天晚上10点之前睡觉，看看感觉如何。
8. 倾听身体的智慧，经常查验你是否提供了身体真正想要的东西。

第7章

快乐家园的精神支柱——与内在的自我连接

生活只有两种方式，一种是把什么都不当奇迹，另一种是把什么都当奇迹。

——阿尔伯特·爱因斯坦

想想某个让你感觉生活奇妙的时刻：看着朝阳洒满山谷，第一次将初生的婴儿抱在怀中，仰望星光闪耀的广袤夜空。每个人至少经历过一次这样的时刻，我们对生活的赞赏之情如此强烈，不由心生敬畏。在这样的时刻，我们既有谦卑之心也深感欢欣，也是在这样的时刻，我们才知道与内在的自我连接。

与内在的自我连接，是一种感觉与更强于自己的能量相连的体验。连接的体验越深，生活越丰富、越快乐。

我们的精神是这个更高的内在的自我的个体表现。当你感觉到你周围的美丽和神秘也存在于你的内心时，你的生命便有了另一个维度。你会意识到你不只是在勉强过活，不只是在敷衍了事。你驱车上班的路程、你的晚餐、你与朋友的谈话，甚至是你对一个坏消息的反应，都充满了内在的自我的展现。生活在这样一个充满奇迹和欢乐的地方可以增强你与精神的连接，建造起快乐家园的最后一个支柱。

虽然快乐百人中的每一位都让我深受鼓舞，但表现最突出的还是那些与内在自我之间的和谐感和一体感最强的人。他们来自不同的国家，拥有不同的文化，但是都能够体验与所有生命合一的感觉。贯穿他们所有经历的共同主线是对生命这一非凡礼物的崇敬、惊奇和感恩。布莱恩·希利亚德是快乐百人中的一员，他的幸福设定点比一般人高很多。每天清晨醒来，他脸上都带着灿烂的微笑。他的妻子阿丽尔说他在睡梦中都是微笑着的。与很多我采访过的人一样，布莱恩将自己恒久的幸福归因于自己利用内在的自我、感恩生活的习惯。

真正快乐的人不一定总是要弄清每一件事或者主导每一件事。他们生活在生命的流动中，相信内在的自我所赋予自己的仁爱和智慧。

与内在的自我割裂被很多人认为是人类痛苦和不幸的最

大根源。回顾过去，很显然，我不快乐的一个主要原因是我与内在的自我没有连接。我知道在我的身体、思想和情感之外，生命还包含了更多的东西。我确实对精神有一种渴求，但不知道该如何满足这种渴求。我第一次在精神上实现突破是在 16 岁时，我学会了冥想。学会冥想后，我自小就存在的焦虑和轻微抑郁得到了部分缓解。每天早晨我会早起 20 分钟，坐在一个适合盘膝而坐的超大号椅子上冥想，然后再去上学。一开始，我常常疑惑自己的冥想是否正确，但是我感觉身心平静，感受到了极大的安宁和幸福，我知道我做对了。很多次，我都有“回家”的感觉。

我迷上了冥想。冥想成为我日常生活中很重要的部分，和刷牙一样重要。我深信因为冥想我没有像其他孩子那样染上毒瘾和其他不良习惯，也避免了因此而来的不幸。虽然在学会快乐上我还有很长的路要走，但冥想帮我找对了方向。父母看到我身上的变化，也开始学习冥想。时至今日，冥想仍然帮助我保持与内在的自我的连接。与其他帮助我变快乐的事情相比，冥想给我的帮助是最大的。

有研究显示，经常与内在的自我对话的人比从不与内在的自我对话的人更快乐：他们的婚姻更幸福，身为父母效能更高，总体而言，处理各种生活问题的能力更强。认为能时刻与内在的自我对话的年轻人成绩更好，酗酒或吸毒的可能性更低。需要指出的是，与内在的自我对话是在内心感受生活的精神意义。

最根本的一点是什么？当你感觉与内在的自我连接时，你会更快乐、更健康，还可以更轻松地处理生活中出现的各种问题。

俗世让我们沉湎

什么会妨碍我们与内在的自我连接？如果我们一直可以走进自己的精神世界，为什么这么多人感到空虚和不满呢？

一部分原因在于现如今紧张忙碌的生活节奏和我们对物质成就的重视。诗人威廉·华兹华斯曾经写道："俗世让我们沉湎，延迟和即刻的获取与消费，正扼杀我们的内在的自我。"（华兹华斯这几行诗写于1888年。你可以想象他会如何看待当今的世界吗？）

从你能走会说的那一刻起，"别傻站着，做点什么"的观念就会被不断地灌输给你。可能与其他很多人一样，你甚至会认为除非自己有建设性，立即行动并有所成就，否则就不是一个值得尊敬的人。

此外，我们似乎深深地厌恶无聊的状态。如果我们不是在工作，或者不是在核对我们的待办事项，我们也会自娱自乐，比如翻阅杂志、读书看报、玩电脑游戏、填字谜、做数独、听收音机、听音乐、网上冲浪、看电视、看电影。娱乐项目的范围就像我们的电视屏幕一样，越变越大。生活不允许我们一天里有片刻空闲！我们无奈地接受娱乐，而不是选择能带给我们强烈满足感的东西。

再加上现在全世界都执着于无论身在何处都要一周 7 天全天候待命这件事，地球上每六个人里就有一个人拥有手机——不难看出，沉湎于物质世界、不花时间关注自己的精神是多么容易的事。生活已经变成一个涉及多媒体、多维度、多重任务的铺张的盛大表演。

“我已经尝试让思想飘向我的乐土，但在那里我收不到手机信号。”

这些已达疯狂程度的活动断开了我们与赋予我们生命意义和深度的内在的自我的连接。那么，如何能与内在的自我相连接呢？

做法是把这种连接当作首要的事。这就需要我们暂停忙碌的生活，而且要把这种暂停日常化。此外，我们还要有保持安静的意愿。在安静的状态下，我们可以体验与自我对话，同时可以培养出更强的接纳感、顺从感和信任感。

与内在的自我建立有意识的连接，就是使我们快乐的精髓。

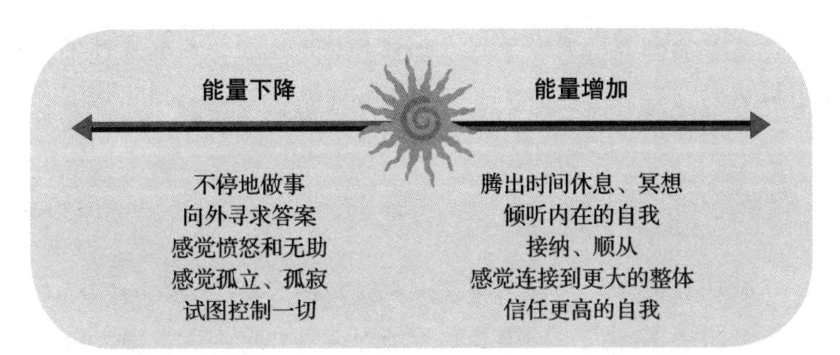

有很多方法可以与内在的自我连接。与内在的自我连接是一件很私人的事，不过从对快乐百人的研究和采访中，我发现了一些总的指导原则。实践以下快乐习惯可以帮助你更轻松地连接内在的自我。

与内在的自我连接的快乐习惯

1. 与更高的自我连接。
2. 倾听内在的声音。
3. 相信生活的展现。

与内在的自我连接的快乐习惯之一：与更高的自我连接

观察自然界，看花草树木如何安静地生长；观察日月星辰如何安静地运行……我们需要安静才能触碰心灵。

——特蕾莎修女

我们在美丽、神秘的海洋中遨游，但通常不会花时间停下来去聆听或关注。审视内心是与内在的自我进行有意识连接的最有效的方法，即使每天只花15分钟，也可以产生巨大的影响。我知道对很多人来说，这可能是一个艰巨的任务，但事实上这是你可以做得最值得的时间投资。当你感觉内心更强大、更快乐、更宁静时，你生活中的每一个人都将受益，特别是你自己。

有很多方法可以帮助我们与更高的自我连接。可以学习正式的冥想，可以在大自然中散步，可以静坐，可以聆听振奋人心的音乐，这些均可开启与更高的自我沟通的渠道。重要的不是选择哪一个方法，重要的是这个方法对你有效，能让你持之以恒。快乐百人都找到了自己的方法，让他们在日常生活中保持与内在的自我的连接。

女演员戈尔迪·霍恩是与内在的自我连接的人之一。第一次在《罗伊与马丁喜剧秀》（*Laugh-In*）中看到她之后，我一直都很喜欢她。下面的故事出自戈尔迪的回忆录《出淤莲花》

（*A Lotus Grows in the Mud*），故事讲述了戈尔迪第一次冥想的经历。她以生动优美的文字描述了闭上双眼，走进内心世界，与更高的自我连接的过程。

思想之间的空间

思想之间的空间令我欣喜。

一个容貌姣好的女人带我走进一个安静的房间。加利福尼亚州和煦的微风从窗口吹进来，轻轻吹拂窗帘，吹起我的发丝。

房间里只有一把椅子。女人把座位让给我，在我耳畔轻声低吟了一句话。离开房间之前，女人对我说："在心中反复重复这句话。"她关上房门，只留下我和这句秘密的话语。

我一直被看不见的力量、被生活中神秘而神奇的东西吸引着。在她的帮助下，我即将发现自己内心的力量。

闭上双眼，我感觉微风轻轻拂过我的肌肤，心中顺从地重复她告诉我的话。我可以闻到房间里点着的熏香的气味和我周围散落的玫瑰花瓣的香气。这是我第一次尝试让自己的内心平静。

开始的时候，我不禁暗自发笑。我想，我应该是最新加入冥想潮流的名人。

哎呀！走神了，我得回到正题上。刚刚那个女人说过，想法会在我的心中出现而后消失。"旁观这些想法就好，"她轻声说道，“不要评价或相信。让这些想法渐渐散去，然后回到你的正题上。”这些做起来不是那么容易。

我越是一遍遍重复那个女人告诉我的话，就越感到身体放松。我呼吸的速度下降，几乎察觉不到。我的心跳也变慢了。

各种想法再次涌上心头，包括我必须致电的人，我必须得去的地方，等等。我抛开这些想法，希望在下一波想法涌入之前能得到较长时间的平静。

听着心中念诵的话语，感受着一字一句的节奏和脑海中原始的声音，一种无法解释的感觉开始席卷我的全身。

内心深处，我感觉自己正在下落，正在与某个我认识的东西重新连接，像是一个老朋友，那个位于内心深处、永远不变、永远快乐、永远充满创造力的老朋友。这便是我的内心深处，知道某些事情的内心深处。这是一种了不起的连接，让我充满快乐，我不禁想要咯咯傻笑。

推开诱惑，我继续向前，想要再感受一次这种感觉。我越是一遍遍重复那句话，放下的东西就越多。思绪涌进涌出，我的内心却越来越平静。

我的意识感觉像是被放进一杯热水，后又从热水里拎出来的茶包，慢慢地浸满虚无。我所谓的虚无有点像没有任何思想产生的时空。

每重复一次那句话，这种感觉就越明显，“茶包”越来越重，下沉得越来越深，“茶包”里的精华慢慢渗入到水中。

过了一会儿，我也说不清有多久，我失去了地方感。我可以想象清澈的玻璃杯里装满了丰富的生命精华。我感觉我的精神正在和我非常熟悉、非常安全的东西融合在一起，这触动了我的快乐中枢。

我内心充满了以前从未有过的纯净感，如此清晰。我只是存在于此，一切皆不重要。此时，我感受到了纯粹的快乐。

* * *

无为即所有

毫不意外，戈尔迪流露出来的快乐植根于她极强的悟性。身为冥想老师，我也一次又一次见证了人们因为经常冥想而不断收获快乐。

以东方古老智慧为基础的冥想于 20 世纪 70 年代在西方开始流行，但数千年来，冥想实际上一直是犹太教、基督教以及美洲原住民传统的一部分。通过冥想审视内心是一种公认的与更高的自我连接的方法。

冥想有很多形式，可以把注意力放在呼吸上面，可以沉思或影像化，还可以利用声音。冥想是任何让你内心平静、帮助你连接到源头和内在本质，即纯粹的真与爱的过程。

下面这个美丽的故事告诉我们冥想是如何发挥作用的，我很喜欢。

一个很有智慧老师在教学生冥想，他对学生说：“这个过程像是在筛子里装满水。”这个说法让学生们很困惑。怎么可能在筛子里装满水呢？一些人认为这句话的意思是冥想很困难，另一些人认为这句话的意思是他们只能在冥想练习中获得短暂的收益。大家都很气馁，不再继续练习。但有一个学生走上前向老师求教这句话的含义。

老师把这个学生带到海边，给了他一个筛子，让他试着在筛子里装满水。学生把水舀到筛子里，但水马上就流光了。老师从学生手里拿回筛子，说道："我来告诉你怎么做。"老师把筛子扔进水里，筛子立刻沉入水中。老师告诉学生："现在筛子里装满了水，而且会一直装满水。冥想也具有同样的道理。冥想不是将内在的自我一点点舀到个体的生命里，而是把个体丢进内在的自我的海洋里，日复一日越来越多地与内在的自我融合在一起。"

冥想与快乐大脑

你很可能有过静默体验、超验体验或神圣体验——似乎不在时空之中的几秒钟或几分钟；平凡事物变得美丽且闪亮的某个时刻；深深的平静感，没有理由地感到快乐。这些体验来临的时候……相信它们的存在。它们反映了你的真实本性。

——古儒吉大师，生活的艺术国际基金会创始人

虽然冥想令人感到放松和愉快，但它最大的价值是对生活的影响。过去40多年的数百项研究证明了冥想对人们的身体、

思想和情感有着巨大影响。20 世纪 70 年代，心理学家罗伯特·基思·华莱士做了一些关于冥想的早期研究，特别是关于超验冥想（TM）效果的研究，结果发现超验冥想对身体和心理有很多益处，例如使血压变正常、缓解焦虑、提高免疫力。之后出现了很多关于不同类型冥想的研究，如今冥想已经成为一种世界公认的压力管理方法。

冥想的作用远远不只是帮助人们应对压力。现在正在进行的一些研究显示，冥想可以增强与快乐和同情有关的大脑区域的活跃度，让你驶上通往快乐的快车道。

美国加利福尼亚大学旧金山医学中心的心理学家保罗·埃克曼博士对精通冥想的佛教僧侣进行了测试，他发现冥想似乎可以让大脑中的杏仁核（我在第 4 章提到过的肾上腺素的启动开关）平静下来。此外他还发现，不管是否处于冥想状态，这些僧侣都比较平静，不管发生何事，他们都不那么容易恐慌或失落。

我在第 4 章提到过的在神经可塑性方面进行研究的理查德·戴维森博士，也对这些僧侣进行了开创性的研究，他请冥想新手和在过去 30 年里冥想时间超过 10000 小时的僧侣共同参与五种不同的冥想，并对他们的大脑活动进行测量。效果最突出的是专注同情之心的“仁爱”冥想。戴维森博士发现在冥想过程中，冥想经验更丰富的僧侣的前额叶皮质左侧区域的大脑活动水平比右侧区域更高。前者与快乐、共情以及其他积极情绪有关，而后者与焦虑、抑郁情绪有关。在非冥想时间，同样的情况也在发生。在著作《训练你的心灵，改变你的大脑》（*Train Your Mind, Change Your Brain*）中，科技新闻记者莎伦·贝格利解释说，冥想之所以能带来持久的影响，是因为大脑神经具有可塑性："造成消极情绪的脑神经通路消失，产生同情和快乐情绪的脑神经通路变宽。"

如果你因为过去30年没有进行深度冥想而沮丧地以为自己不可能快乐，大可不必如此。戴维森博士的研究表明，只要每天冥想20~30分钟，坚持3个月，就可以有显著的心理改变。所幸的是，要从冥想中获益并不需要花数十年的时间。

各有所好

每天坐下冥想20~30分钟是让自己与内在的自我连接的绝佳习惯，但这不是冥想的唯一方式。在采访中，快乐百人中的很多人都和我讲了一种任何时候任何人都可以做的冥想练习，我称之为"暂停练习"，即一天从早到晚暂停七次，让自己只是简单地"存在"。感知自己的呼吸，用一两分钟体验当下，只有在这样的时候你才可以体验到真正的快乐。经常做"暂停练习"之后，我发现自己更平静，并且有了更强的判断力和新的活力。

你也可以身处大自然去发现极大的平静和安宁。快乐百人中的凯伦告诉我，每次在树林中或在海滩上独自漫步时，她都会在行走的过程中自然而然地跟随呼吸的节奏。倾听风声、鸟鸣和水声会让她的精神和心情平静。如果不能外出，只要望着窗外的树木或白云几分钟，通常都可以消解她的紧张情绪，使她能触碰到自己的内心深处。

该部分的结尾有一个冥想练习，大家利用该练习来体验更多的内心平静和放松。

祈祷的力量

世界上很多事情都与我们的祈祷有关。数千年来，人们通过祈祷向周围的人敞开心扉，祈祷像是一条连通内在的自我的热线。

和冥想一样，祈祷有很多不同的形式。遇到困难时，我们为自己或者为我们爱的人祈祷，以求得到安慰、指引和疗愈。其他时候，当我们被爱、感激或美好的事物包围时，我们会为此而做出感恩和赞美的祷告。

很多研究显示，祈祷对快乐有很大的影响。成千上万的人报告称祈祷提升了他们的幸福感、生活满意度和总体的快乐水平。

当你学习与更高的自我连接时，你就会意识到这个更高的自我是存在的，而且它是你周遭的一切事物的基础。每天抽出一些时间去发现诗人 T.S. 艾略特所说的“转动不息的世界的静止点”吧。这是“快乐无须理由”拼图中至关重要的一块。

练　习

光冥想

下面这个练习可以让你体验到内心的安宁，它也是内心平静和幸福的基石。

1. 在安静的地方舒适地坐着，闭上双眼。
2. 做 5~6 次深呼吸，吸气和呼气的时候注意气息。
3. 想象一个明亮的白色光柱从头顶上方照射下来，白光穿过你的头顶，布满脑海。
4. 感觉白光从头流过脖颈进入胸膛，照亮心房。感受内心的温暖和扩张。
5. 想象白光继续向下流过你的手臂、躯干、脊柱和臀部，所到之处都充满光亮。想象白光流过双腿，流入双脚，照亮脚掌。
6. 感觉整个身体都充溢着温暖和光亮。在这样的状态下静坐 10 分钟，允许各种想法和体验出现。不要试图推开出现的想法或控制思维，不管出现什么都安然处之。如果想要集中精神，那就注意你吸气和呼气时的气息。
7. 感觉自己准备好结束冥想时，觉察你感受到的任何平静和安宁。在这种平静的感受中休息片刻。深呼吸几次，尽情享受这种感觉。这是学会快乐的精髓。
8. 慢慢睁开眼睛。恢复正常活动时，怀抱继续感受这种体验的意愿。

与内在的自我连接的快乐习惯之二：倾听内在的声音

要想做出正确的人生决定，就必须与心灵相通。要想与心灵相通，就需要体验独处……因为在寂静中你可以听到真相，知晓解决办法。

——迪帕克·乔普拉，医学博士、医生、作家、演说家

在前一章里，我们讨论了倾听身体的智慧，接下来我们谈一谈倾听内在的自我的智慧，让这个智慧指引我们。内在声音是你的一部分。无论何时、发生何种情况，这个声音都会告诉你该做什么。对一些人而言，发现内在的声音就像找到他们一直想找的智者；对其他人而言，这种体验更为广阔无边。不管其特点是什么，快乐百人都会倾听这种内在的声音。

在读伊丽莎白·吉尔伯特写的《美食、祈祷和恋爱》（*Eat Pray Love*）时，她描写的与内在自我的初次“对话”立即吸引并打动了我。读完这本书，我很清楚伊丽莎白就是我要找的快乐百人中的一员，于是我打电话给她，约定采访的事。我可以很开心地说，生活中的伊丽莎白和书里面的伊丽莎白一样讨人喜欢，我们的采访是对她书中所分享的内容的精彩补充。下面这个故事讲述了伊丽莎白学会倾听内心“安静、细小的声音”后的转变。

伊丽莎白的故事

你好那个内在的自我，我是伊丽莎白

我在纽约郊区我和丈夫刚买不久的大房子的浴室里，当时是寒冷的十一月，大约凌晨三点左右。我的丈夫睡在我们的床上，我像之前很多个夜晚一样躲在浴室里啜泣，这已经是连续第47个夜晚了。我哭得很厉害，眼前浴室的地板上已经有一摊泪水蔓延开来，形成了一片包含着羞愧、恐惧、困惑和悲伤的泪湖。

我不想继续待在婚姻里。

我一直拼命地避开这件事，但真相不停地出现在我的面前。白天的时候，我抗拒这个念头，但夜幕降临时这个念头又会将我吞噬。真是一场灾难。我怎么如此愚蠢，坚持了八年的婚姻，现在却想要逃离？我们买这栋房子才一年而已。我不是想要这栋漂亮的房子吗？我不是喜欢这栋房子吗？那我现在为什么每晚在门厅出没，像美狄亚[一]一样哀号？我不是为我们积累的一切感到骄傲吗？位于哈得逊河谷的名居、位于曼哈顿的公寓、八条电话线、朋友、野餐、派对、周末在大型商场闲逛、刷卡购买更多家电。创造这种生活的每时每刻我都积极参与了。那我为什么觉得这一切让我活得不像自己了呢？

我不想继续待在婚姻里。

[一] 希腊神话中的人物。——译者注

我丈夫在另一个房间里，睡在我们的床上。我既爱他，又不能忍受他。我不想再做这个男人的妻子，其原因涉及诸多个人隐私，不能在此分享。绝大部分问题都涉及我，但我们的困境很多也与他有关。我不要求任何人相信我能毫无偏颇地讲述我们的事，导致我们婚姻失败的种种往事也就不在此陈述了。

我为何仍想继续做他的妻子、我为何爱他并嫁给了他、我为何无法想象没有他的生活，这里我也都不谈了。他既是我的灯塔也是我的枷锁，今晚依然如此，这样说已经足够。比离开更不可想象的是留下，比留下更不可能的是离开。我不想毁掉任何事或任何人。我只想安静地从后门溜走，不引起任何麻烦，不产生任何后果，一直跑到天涯海角再停下来。

这部分故事并不快乐，我知道。在此分享是因为在这间浴室里即将发生的事将永久改变我人生的进程，犹如一颗行星无缘无故在太空中猝然翻转，熔融的核心发生变动，两极位置产生变化，行星形状彻底改变，从球体变成椭圆体。类似这样。

当时发生的事情就是我开始祈祷。你知道，像对内在的自我的祈祷那样。

我对其他事情都提不起兴趣，我感兴趣的只有拯救自己的人生。我最终意识到我似乎已经达到一种无可救药、危及生命的绝望状态，于是想到处于这种状态的人有时会向内在的自我寻求帮助。

我一边啜泣一边喘息着对内在的自我说：“哈罗，内在的自我，您好吗？我是伊丽莎白，很高兴见到您。”

没错，我和内在的自我寒暄，好像我们在鸡尾酒会上刚刚经人介绍认识。我们总是从此生知晓的事开始，而在一段关系开始的时候，我总是和人说这些话。事实上，只有说这些话，我才能克制自己不说：“我一直非常喜欢您的作品……”

“很抱歉这么晚打搅您，”我继续说道，“但是我遇到了很大的麻烦。很遗憾，我以前从未直接和您说过话，但对于您给予我的恩赐，我一直都万分感激。”

这样的想法让我哭得更凶了。内在的自我耐心地等我平复心情。我冷静下来，继续说道：“如您所知，我不擅长求人。但请您帮助我，我迫切需要帮助。我不知道如何是好。我需要一个答案。请告诉我该怎么做，请告诉我该怎么做，请告诉我该怎么做……”

于是，祈祷缩减为简简单单的一句“请告诉我该怎么做”，一遍又一遍重复着。我不知道自己恳求了多少次，只知道我像乞求活命一般哀求，哭声一直未断。

我一直哭，直到突然间哭声停了。

那一刻，我发现我不再哭泣。事实上，我在抽泣的当口停止了哭泣。内心的痛苦完全被抽空。我抬起头，惊讶地从地板上坐起来，心想此刻是否会看见带走我哭泣的内在的自我。然而并不见任何人，只有我独自一人。也不是真的独自一人，我身边好像有什么围绕着，我只能称其为一小片寂静。这种寂静非常罕见，我屏住呼吸，生怕吓跑它。我一动不动。不知道自己何曾感受过此种寂静。

而后，我听到一个声音："请不要惊慌。"这既不是好莱坞男星查尔顿·赫斯顿那种极具磁性的声音，也不是要求我必须在后院建造棒球场的声音。这只是我自己的声音，从我内心发出的声音。不过，虽然是我自己的声音，却是以前未曾听过的，非常智慧、平静、悲天悯人。倘若我的人生中只经历过爱和肯定，我的声音听起来应该就是这样的。这个声音给了我答案，永远确定了我对内在的自我的信仰。该如何形容那声音中流露出的温暖的爱意呢？

那声音说："回床上去，伊丽莎白。"

我呼出一口气。我立刻明白，这是唯一可以做的事。我不会接受其他任何答案。我不会相信一个低沉洪亮的声音告诉我"你必须和丈夫离婚"或"你一定不要和丈夫离婚"，因为那并非真正的智慧。真正的智慧提供的是某个特定的当下唯一可能的答案。而那个夜晚，回床上去就是唯一可能的答案。"回到床上去，"无所不知的内在的自我说道，"因为你不必在此时立即获知最终答案。回床上去，因为我爱你。回床上去，因为你目前只需要休息、好好照顾自己，直到你知晓答案。回床上去，这样在暴风雨到来之时，你才有足够的力量去应对。亲爱的，暴风雨即将来临。很快，但不是今晚。所以，回床上去。"

那晚发生的事——一场开放、探索性对话的开端，它最终将带领我靠近内在的自我。

自那之后的岁月里，在遭遇严重困难之时，我一次又一次找到那个声音。我发现找到那个声音最好的方式是书面对话。我在床边放了一个私密的笔记本，以便在紧急情况下可以随时拿出这个笔记本并记录下对话。即使在我最痛苦的时候，无论是白天还是黑夜，那个平静、悲天悯人、充满爱和无限智慧的声音（内在的自我）随时可以与我在纸上交谈。

起初，我对这个充满智慧的内在的声音并没有那么坚定的信念。记得有一次，因为极度愤怒和悲伤，我用潦草的字迹在笔记本上面写下了几个大字："我不相信你的存在！"我写了满满一整页。

过了片刻，我的呼吸仍然沉重，我感觉有一个清晰的光亮在内心出现，而后我发现自己写下了一个有趣的回答：

"那你是在和谁交谈？"

自此我再也没有怀疑过内在的自我的存在。

如今，我与内在的自我的连接是我人生里最重要的事情。我尊重这个关系的方式就是让自己尽量保持平静地听到这个声音。我认为这是最基本的练习。

然而，这并不等于我拥有了快乐的保护层。危机出现时，我也会像其他人一样震惊、烦恼。我生活在现实世界，要面对生活中发生的种种意想不到、无法解释的事，这是确定无疑的。但对于发生的事，我现在尽力不去抗争，相反，我顺从眼前的一切。

这样做并不代表一切都很容易，也不代表当我的人生要被摧毁时，我可以奔波忙碌却仍感快乐。这样做意味着我要做的——这也是祈祷可以发挥作用的地方——是保持连接状态，问内在的自我这样一个问题："您究竟要我做什么？什么是我还没明白的？请让我睁开眼，看看我该如何去做。"

对我而言，祈祷不是哀叹，是为收集信息而发问："请您告诉我，我现在应该做什么？"我总是假定有些事是我应该做或者应该明白的，即使我现在看不出那是什么。

通常的情况是，我更加清楚自己的反应。这很像我给自己做计算机断层扫描，让我看清自己抵触什么——我会在什么时候说："不，我不接受。"我还会在什么时候说："我完全遵照内在的自我的指示，我真的相信内在的自我的力量，但在这件事上不行，不能成交。"

当我停止抵触正在发生的事并且顺从的时候，我就又开心起来。不过，这种顺从似乎只来自与内在的自我的对话中。

浴室里的那个夜晚，我第一次把自己介绍给内在的自我。自那以后，我的生活发生了彻底转变。曾经的神经官能症和痛苦已经被现在的平静和满足感取代。

这个充满爱的声音已经成为我的一部分，并且是很重要的那部分。每当我发现自己变得焦虑或沮丧时，这个内在的自我总是问我："我们经历了这么多，你真要对此信以为真吗？还没有经一事长一智吗？”我确实经一事长一智了。

正因如此，与内在的自我连接已经成为一种每时每刻的练习，一种我关于快乐生活的承诺。因为不断与内在的自我交谈——询问、倾听，然后获悉答案——我才得以在通往更快乐的道路上前行。前几天晚上，我说：“我要如何感谢您，内在的自我？”

我心底那个平静、愉快的声音回答说：“保持联系。”我笑了。

* * *

开启沟通的通道

做决定时，很多人总喜欢问其他人“我该做什么”，但却忘记了询问自己以得到可靠的答案。正如伊丽莎白发现的那样，我们每个人都有与精神相通的内在智慧，它可以随时为我们所用。

倾听内在的声音可以让你与比自己更强大的力量相连接。关于你的人生目标、人际关系、事业等任何你想知道的事，你都可以向内在的自我发问。若你在获知答案时感受到了平静和无畏，你已成功连接。

倾听内在的声音有很多种方法。以下是几种提问和获知答案的方法：

写下来：像伊丽莎白一样，一些人发现，倾听内在的声音最有效的方法是将所想写在纸上。当你有问题的时候，安静地坐着，向自己的内心发问，然后把想到的都写下来，不要有任何删减。没有人会看到你写了什么，只有你自己。让你最深处的东西在心间流淌。

翻书：另一个寻求指引的方法是翻书。走到一本吸引你的书前，随机翻到某一页，看看可以发现什么信息。你可能会对这种方法嗤之以鼻，但我发现，这个方法常常很得当、很有用。一些人发现，翻书可以让他们摆脱固有观念的束缚，用新的角度看待问题。令我惊奇的是，很多次我需要的答案就在书里。

当你知道你可以永远走进内心找到方向和智慧，坚不可摧的平静和信心就会出现。下面这个练习可以指导你倾听内心。

练 习

倾听内在的声音

1. 找一个安静、舒适的地方坐着，准备好纸和笔。
2. 在纸的最上方写下一个你希望得到指引的问题。尽可能清楚地表述这个问题。
3. 闭上双眼，深呼吸几次。
4. 向内在的声音提出你写在纸上的问题。你可能需要一点时间才能准备好。如果你感觉已经准备好，睁开双眼，把你想到的写下来。写下来的东西有没有意义都不重要。继续写，直到你的手好像再也写不下去为止。写的时候不要读你写的东西。

5. 现在，仔细通读你写的东西，其中的智慧可能会让你大感意外。一个词或一句话都可能是解答你问题的关键。

与内在的自我连接的快乐习惯之三：相信生活的展现

恩典之风一直在吹，但你必须扬起风帆。

——室利·罗摩克里希那，19世纪印度瑜伽士

在采访中我发现，快乐百人里的绝大多数人都顺从生活，感觉受到更高的自我的深切关照。

我们过于努力地控制生活中的一切，结果忘记了学会放手带给我们的巨大力量。当我们养成习惯，尽力而为后顺从这些巨大的力量，相信一切都有最好的结果时，我们就会体验到更深的平静感和幸福感，这些都是快乐无须理由的特征。

拥有接受思维

如果我们足够相信这种与内在的自我的连接，让它指引我们生活的方向，那么我们对真正快乐的体验就会呈指数增长。

古往今来，最贤明的人都知道他们的“善”来自顺从——与战败之后的屈从不同，顺从是放下个人的局限，与更高的智慧保持完全一致。

信任和放手可以带来极大的平静和自由，培养我所谓的“接受思维”。不拒绝、不抵触正在发生的事，接受它。我第一次体验接受思维是在多年以前我上即兴表演课的时候。

即兴表演的规则之一是对另一个表演者抛给你的任何东西做出即刻、热情的反应，也就是接受。第一节课上，我的即兴表演搭档对我说我是一个上了年纪的摇滚歌星，我立即开始表演：假装弹奏吉他，扶着后腰，引吭高歌，像80岁的老人一样转动身体。下一刻，场景变换。突然之间，我成了来地球抢劫银行的外星人。我必须跟随着角色的变化来表演。我只是接受。这个练习打破了我的界限，释放了我的能量。我发现这是关于如何生活的一次非常好的练习。

当你选择接受的时候，你就像表演高空秋千的演员，可以松开手中的秋千，腾空飞向另一个秋千。如果不松手，不相信另一个秋千在那里，你就不可能完成向前腾空飞起的动作。顺从和信任可以时时刻刻产生心流现象。

感恩生活

比尔·鲍曼是我的心灵导师之一，也是我见过最冷静、最理智的人。虽然比尔看起来不那么低调，很适合在沃尔玛做迎宾员，但我却想称呼他开明的罗杰斯[㊀]先生，因为在那件

㊀ 弗雷德·罗杰斯，美国著名电视节目《罗杰斯先生的街坊四邻》的主持人。——译者注

令人感到安心的羊毛衫下，跳动着一颗充满激情的心。比尔是本书的守护天使，我和卡萝尔非常感谢他给予我们的帮助和建议。

比尔是我最早采访的快乐百人中的一位，是开始写本书时我就认识的为数不多的非常快乐的人之一。想起比尔，我就会想起充满感恩的人生。

比尔解释说："感恩只是一个华丽的词语，用来指流动在我们生活中无限的、无条件的、有求必应的爱。"他说道："以母亲对新生儿无条件的爱进行类比，在母亲看来，这个刚刚出生孩子没有缺点，只有绝对的完美。因为爱，母亲想的只有给予、给予和给予。现在广泛应用这个例子，我们从自己身上就会看到无尽的完美、满足和奇迹——因为爱，只想给我们礼物、福气和解决办法。"

我问比尔怎样才能在生活中学会感恩，他回答说："练习顺从。寻找机会去接受一切，但不要过于清晰地界定这一切究竟是什么。之后就是信任和放手。"

对陷在"由我掌控"和"我必须控制"的生活中的人来说，顺从始于让自己相信一切都会变得更好，并且在这一切到来时接受它。温和地请求是让自己放手、相信生活会优雅地展现的好方法。

练　习

学会感恩

这个简单的练习可以帮助你强化第2章中提到的“秘方”三步法中的第三步——“放松”。

1. 安静地坐着，写一封信给未知的自己，陈述你生活中希望获得帮助的某个方面，如人际关系、健康、工作。写的时候要发自内心。
2. 请求最完美的人、地方、情况出现在你面前，让你可以在需要帮助的那个方面获得最大的满足。你寻求的也可能是正确的理解或原谅，视情况而定。
3. 把信放在某个对你来说很重要而且不会被弄乱的地方。一些人喜欢把信夹在一本特别的书里，放在家里某个重要的地方，或者压在花园的石头下。一段时间内你不会再看这封信。
4. 现在，放手，放松，感恩，请自己相信一切都会变好。
5. 留意接下来几天或几个星期有什么事发生。

小结和快乐行动步骤

在你花时间静默、倾听内在声音和相信生活的展现与内在的自我连接后，你对真正快乐的体验必定会增加。连接内在的自我可以加固你内心快乐家园的最后一根支柱。遵循以下行动步骤，养成与内在的自我连接的快乐习惯。

1. 让静默、冥想或祈祷成为日常生活的一部分。
2. 每天做“暂停练习”，坚持一个星期，看看感受如何。
3. 练习顺从：请自己相信一切都会变好的，然后放手。

第8章

快乐家园的屋顶——让目标感召生活

人的一生有两个重要的日子，出生的日子和发现为何出生的日子。

——威廉·巴克莱（William Barclay），

20世纪苏格兰神学家

我相信你在人生的某个时刻听到过这样的话："我们的到来都是有目的的。"然而，如果在街上调查人们的目标是什么，你遇到的前100个人中多数可能都会叹着气回答："我完全不知道。"虽然有的人在人生的航程中思路清晰、方向明确，但其他很多人感觉他们迷失了方向。

快乐的人认为他们是为了某个目的才存在在这个世界上。在我对快乐百人的采访中，我一次又一次地听到他们说，他们的生活时时受到目标的感召。

那么，人的目标指什么呢？与普通观念不同，人的目标不是指工作或职业，是比工作和职业更重要的东西，是做对人生有意义的事的总体目标。例如，我的目标是分享我的爱和能量，激励别人在他们的能力范围内过最高尚的生活。现在，我恰好是一名激励人们实现人生转变的演说家和作家，但是我也有很多其他方式实现这个目标。我可以是一名教师、音乐家、秘书、医生、园丁等。让目标感召生活可以有很多不同的形式，最关键的是发现自己生存的意义和目标。

有关幸福学的研究结果清楚地表明，与目标感不强的人相比，积极投身于给予自己人生意义的事情的人要开心很多。心理学家爱德华·迪纳在美国伊利诺伊大学厄巴纳-香槟分校心理学系从事主观幸福感的相关研究，据他说，幸福的一个重要构成是“拥有生活目标……并且将目标植入自己为之努力的长期价值”。有关健康和与寿命关系的研究显示，当人们生活有目标感时，不管目标是大是小，人们的寿命更长。

目标、意义与工作

目标是你快乐家园的屋顶。没有目标感，就像房子的屋顶漏水，生活中的不快乐会像雨水一样从漏水的屋顶流进屋内。

遗憾的是，看起来当今世界有很多“漏水的屋顶”。美国市场调研公司哈里斯互动（Harris Interactive）在 2005 年公布的一项研究表明，美国只有 20% 的从业人员热爱自己的工作。也就是说，每五个人中有四个人不热爱自己所做的工作。这个统计数字清楚地解释了为什么在美国星期一早上心脏病发作的人多。人们真的是宁愿死也不愿意上班呀！

很多人仅仅是为了负担生活支出而工作，他们感觉自己并没有从中找到自由、能力或机会。他们听天由命，没有更深层的目标，苦中作乐，活着就是为了周末。还有些人花数年时间寻找十全十美的工作，他们像《金发女孩和三只熊》（*Goldilocks and the Three Bears*）故事中的金发姑娘，想找到所谓的恰到好处。这些人中，少数的幸运儿确实找到了让自己心满意足的事业，但是除非他们受到内在目标感的感召，否则他们的满足感是非常脆弱的。他们的快乐依赖于他们的工作，所以一旦他们失业或退休，他们就会变得茫然，很快就会失去生活的方向感和满足感。

与退休相关的统计数字证实了这一点。据报道，退休后最快乐的人是那些即使事业终结却仍然有目标感的人。这些人通常会把他们的成套本领应用在其他方面。退休的银行家可能在职业培训中心做志愿者，技术能手可能成为社区的修理大师。由此可见，让你的目标为你指路是非常重要的事。

工作、事业、使命

你把自己每天做的事看成是工作、事业，还是使命呢？下面这个故事说明了这三者的区别：

一天，一位老妇人来到尘土飞扬的建筑工地。三个健壮的小伙子正在建筑工地辛勤地砌砖。老妇人走到第一个小伙子身旁问他在做什么。小伙子粗鲁地答道："你看不见我在砌砖吗？我整日做的就只是砌砖。"老妇人问第二个小伙子在做什么。小伙子答道："我是一个砌砖匠，我在砌砖。我为自己的手艺感到自豪，我很开心我在这里的工作让我可以养家糊口。"老妇人走到第三个小伙子身边时看到他眼中尽是喜悦，脸庞像白昼一样耀眼。老妇人问出同样的问题，第三个小伙子热情地回答说："我在建造世界上最美丽的教堂。"

定义你的目标的不是你生活中做的事，而是你看待所做之事的角度。美国耶鲁大学组织心理学家艾米·沃兹涅夫斯基按照工作、事业、使命这三类对人们的工作去向进行了研究。她发现，不管工作本身是什么，那些感觉自己在完成一项使命的人从工作中获得的满足感更多，在生活中更快乐。

如果你从事的不是自己热爱的工作，那就热爱你从事的工作

不管是否在从事自己理想的事业，快乐无须理由的人无论

去哪里、做什么，即使是在做最平凡的工作，都会带着目标感。不管是在给汽车换油，还是在准备全家人的饭菜，他们都会受到目标的感召。他们的目标感不固定地存在于正在做的具体事情上。事实上，如果让快乐的人停止正在做的受感召的事，他们会找到另一件受到感召的事情去做。

我曾经听过一个关于伟大的指挥家阿尔图罗·托斯卡尼尼的故事。托斯卡尼尼八十岁生日那天，有人向他的儿子沃尔特询问托斯卡尼尼把什么列为自己最重要的成就。沃尔特回答说："对我父亲而言，没有所谓最重要的成就。不管他此刻在做什么都是他人生里最重要的事——不管是指挥交响乐还是剥橙子。"

我们在写此部分内容时，卡萝尔将目标感是如何把她从工作的痛苦中拯救出来的事情讲给我听：

我在大学毕业获得文学学士学位时，市场对文学专业毕业生的需求不大。虽然我不是很确定自己这一辈子要做什么，但因为要交房租，我接受了一份股票经纪公司接待员的工作。这份工作福利很多，但有一个很大的问题：我不喜欢做接待员。整天接电话让我焦虑不安，我时而感到厌倦无聊。还不到一个月，我已经开始厌恶早上起床，工作上的不开心影响了我的全部生活。我知道我有两个选择：我可以换一份工作或者想办法爱我正在做的这份工作。我决定双管齐下，在找新工作的同时，我也在寻找让我在当下工作岗位上更快乐的方法。

我挑战自己成为“世界最佳接待员”。我一直都有服务他人并为他人带来改变的想法，于是我在办公桌的桌垫上写下了大大的“服务”二字。我接电话时声音里带着笑意；我学会分辨常客的声音，在电话里称呼他们的名字。我以前听过化妆品大亨玫琳凯·艾施的名言：“假装你遇到的每一个人的脖子上都挂着一块牌子，上面写着‘请让我感觉自己很重要’。”我把这个理念付诸行动。我四处和股票经纪人以及其他公司职员讲笑话，让我的工作日变成一场聚会。不但我的快乐水平急剧上升，而且一个月内我就被提拔到公司内更有趣的岗位上。我终于找到了更适合我的谋生方式，我也始终没有忘记我是怎样改变工作状态、提升快乐水平的。

关联目标可以让你的能力增加，让你感觉时刻受到感召。正如阿尔伯特·史怀哲所说：**“成功不是快乐的秘诀，快乐才是成功的秘诀。如果你热爱自己所做之事，你终将成功。”**

查看能量下降和增加的症状，看一看你在目标方面是否“偏航”。

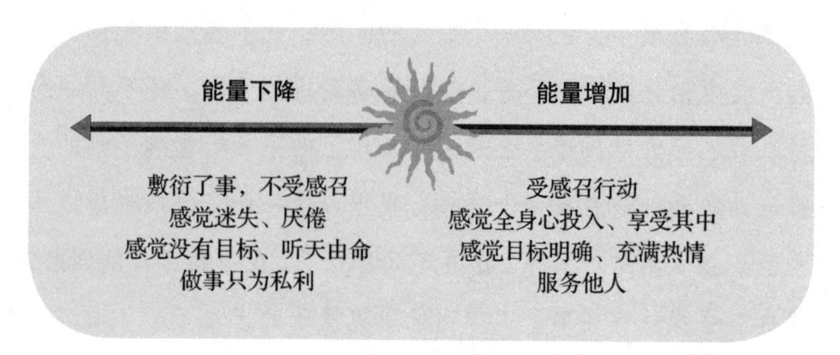

让目标感召生活可以让你和被你感动的人更快乐。

让目标感召生活的快乐习惯

1. 发现自己的热情。
2. 跟随当下的感召。
3. 为比自己更重要的事贡献力量。

让目标感召生活的快乐习惯之一：发现自己的热情

当我们学会由衷地接受真正重要的事，平静就开始走进我们的生活，就像金色的阳光洒进森林。

——托马斯·金凯德（Thomas Kinkaide），艺术家

好吧，我被说服了！我想让目标感召我的生活。但是我该如何开始呢？帮助你找到独特的个人目标的线索不难获得。你唯一要做的是停下。

没错，停下。

花些时间从忙碌的生活里走出来，研究一下自己的内心（内心状态）。坦诚大胆地问问自己：我对什么有热情？我喜欢做什么？对我来说什么才是真正重要的？这些问题的答案，你热衷的事，就是一系列相互关联的信息，这些信息可以带你

找到自己的目标。

一个了解自己热衷何事的好方法是进行热情测试，这个测试的发明者是快乐百人中的珍妮特·阿特伍德。珍妮特是我的好朋友，我们的友谊已经有 25 年之久，我目睹了热情测试让她以及其他很多人的生活发生了翻天覆地的变化。这种与目标的内在连接产生快乐,而珍妮特就是证实这个观点的最佳人选。她的故事描述了她发现热情测试的历程。《热情测试》（*The Passion Test*）是本畅销书，由珍妮特和她的前夫、最好的朋友、生意伙伴克里斯·阿特伍德合作完成。

在街灯下载歌载舞

从前有个小女孩。这个小女孩爱所有的人和事，特别是她妈妈。小女孩和妈妈以前经常一起读故事书、看电影、欢笑、唱歌。对母女二人来说，她们陪伴彼此的每个时刻都是极其开心愉快的。

在这些开心的日子里，小女孩有时会夜晚出门，在家门前的人行道上的街灯下载歌载舞。她想象着有朝一日在成千上万的观众面前表演，打动他们的心。

小女孩 7 岁时，妈妈开始酗酒。曾经每一个夜晚，妈妈都会帮小女孩掖好被子，唱着深情的歌曲哄她睡觉。现在，妈妈温柔甜美的声音不见了，小女孩听到的是妈妈和爸爸对着彼此声嘶力竭地尖声叫喊。不管承诺多少次，小女孩的妈妈还是一直喝酒。情况越变越糟，有一天小女孩的妈妈被送进了精神病院。

出院后，小女孩的妈妈又开始酗酒。再后来，她搬走了，在中途之家[㊀]进进出出。小女孩和妈妈失去了联系，她开始习惯读报纸上的讣告，但很害怕在上面看到妈妈的名字。因为不能理解自己感受到的愤怒，小女孩迁怒于身边的每一个人，包括她自己。

年复一年，小女孩变得越来越不快乐。

17岁时，她遭受了身体上的虐待。

18岁时，她因为吸毒变得神志恍惚。

19岁时，她和瘾君子住在一起，和摩托车帮派的成员一起飙车。生活里充斥着一堆负能量。小女孩知道如果她不改变自己生活，她的结局会和妈妈一样。

这个小女孩就是我。

20岁时，我决心不重蹈我妈妈的覆辙，我开始检点自己的行为。在哥哥的帮助下，我找了一个住处和一份工作，学会了静坐。我开始阅读激励人转变的书籍，听关于个人成长的磁带。我的生活开始好转，但我还是感觉缺少了什么。我做的工

㊀ 中途之家起源于早期的欧洲，又称为“重返社会训练所”或“社区矫正中心”，是提高某些人的环境适应能力的一种过渡性住宿式社区矫正机构。—译者注

作还算可以，但只能让我勉强为生。曾经有一段时间，我在硅谷工作，负责招聘磁盘驱动工程师。这个工作不适合我。我甚至感觉更灰心了，不知道我的人生之路通向哪里。

一天，我看到了一张研讨班的海报，研讨班名为“对成功说‘是’”，举办地点为旧金山。我想，也许一点点积极的态度可以扭转我的工作状态。

上研讨班的第一天，我满怀好奇地看着30岁出头、衣着优雅的德布拉·庞曼走到教室前面。才几分钟时间，她就让我们所有人为之着迷、兴奋起来。

德布拉讲到了一个针对美国最成功的100个人做的调查，调查显示这些常胜将军都有一个共同点。

“有人能猜到这个共同点是什么吗？”德布拉环视着在场所有的人。

看到没有人举手，她继续说道：“他们每一个人都实现了他们认为对自己的成功最重要的五个因素。”

那一刻，世界静止不动。

“可以请您重复一遍吗？”我说。我简直无法克制自己的心情。

“这些成功人士的共同点是，他们每一个人都实现了他们认为对自己的成功最重要的五个因素。”

我的脑海中有一个声音激动地尖叫起来：“就是它！这就是我必须要知道的。我必须弄清楚过完美人生最重要的五个因素是什么，然后我就可以和这100名成功人士一样了。”

我一边听德布拉讲课，一边思考着我认为创造自己完美人生必需的要素，我意识到像德布拉这样与人分享转变人生的知识是我在这个世界上最想做的事。这个认识如此强烈，强烈到几乎让我心痛。我感觉自己好像正在开启一个全新的生活！下一刻，我察觉到内心难以置信的平静，紧接着我感受到了有生以来最安宁的幸福感。当我与对自己真正重要的事之间建立连接时，这种幸福感从我的心底油然而生。

开车回家的路上，车载收音机里发出嘈杂的声响，我高声唱着歌，我知道奇迹即将发生。只是我不知道这个奇迹是什么。

三个星期内，我辞去了招聘专员的工作，说服德布拉雇用我做“对成功说‘是’”研讨班的主讲教师。我从来不做回头之事。之后几年，我都在努力寻找可以带给我理想生活的五个要素。我不断尝试，有时候我会做自己认为应该做的事（结果不是太好），其他时候我会跟从心中的意愿（结果总是很好）。在我做自己打心底里热爱的事情时，成功和快乐的溪流从心底流淌而出，越变越宽。

弄清对我来说最重要的五件事这个经历成为热情测试的开端。热情测试是我开发的一个简单的工具，通过确认自己真正热爱和最关心的事情找到人生目标。

几年后，在带领数百人完成热情测试并且看到热情测试对很多人产生的惊人影响后，我和我最好的朋友、生意伙伴、前夫克里斯·阿特伍德合写了一本书，这本书的书名就是《热情测试》。此外，我们还共同创办了《健康、财富与智慧》(*Healthy Wealthy and Wise*）杂志。如今，该杂志已经成为世界上著名的关于人生转变的网络杂志。

我推进热情测试在世界各地的使用，帮助成千上万的各行各业的人。我做着自己热爱的事，生活变成了一场神奇的冒险。有一次我在迈阿密面向200名无家可归的妇女演讲时，热情测试对她们的影响深深触动了我。这些女性都处在过渡期，她们不再选择相信、不再有梦想，打算彻底自我放弃。她们大多认为自己的人生已经结束，就只剩下勉强度日的痛苦。

我和这些女性分享了我早年的经历，然后带着她们进行了热情测试。我建议她们每天做选择的时候倾向于她们最关心、最能点燃她们激情的事。我向她们保证，如果她们按照我的建议去做，她们会渐渐找到能量，从而迈向更快乐人生。

演讲结束，所有人起立鼓掌，她们因为重新认识自己激动不已，而我的眼眶也溢满了泪水。我想起多年前那个在街灯下载歌载舞、唯一的愿望只是打动人心的小女孩。我带着这个小女孩的梦想生活。我的人生历程让我站在这里把爱的礼物带给这些美丽的女人，就像是带给我自己的妈妈。

* * *

做你所爱，爱你所做

重要的不是多多去想而是多多去爱，什么最能激发你去爱就多去爱什么。

——圣女大德兰（St. Teresa of Avila），
16世纪西班牙修女

是什么让你心怀宽广？是什么让你的心灵歌唱？多数人忙忙碌碌地敷衍度日，根本没有注意这些。有时候，热情不易察觉，但帮你发现热情的线索一定与兴趣、吸引、好奇有关。

心理学家、作家米哈里·契克森米哈赖被认为是积极心理学领域的顶级研究员之一，他把全身心投入某件事时感受到的纯粹的快乐称为"心流"。时间可能停止，几小时的时间感觉起来可能像几分钟。你全神贯注，很难分心。美国幸福学研究中心之一的宾夕法尼亚大学心理学中心指出，参与产生心流体验的活动让人感到愉悦和满足，因此人们愿意为了活动本身而不是因为金钱等外部诱因参与其中。寻找生活中哪些事情可以给你带来心流体验，可以指引你发现自己的热情所在？

珍妮特说："一旦你确认自己真正关心的是什么，每天都要选择自己热衷的事。"生活是由无数次选择组成的，如果你一次又一次地选择对你来说重要的事，那么你的那个独一无二的目标就会在方方面面显现出来。同时，这样做也会帮助你吸引更多你想要的东西到生活中来。这还是吸引定律！

我从父亲那里学到的一件事是“做你所爱，爱你所做”。我父亲真心喜欢当牙医，72岁退休时他很不情愿。他希望找到一个新的领域让他可以施展才能，于是他分析了是什么让他如此热爱牙医工作。他发现他热衷的并不是在人们的牙齿里放入填充物，他热爱的是用自己的双手做一些复杂的工作，用他自己觉得是艺术的方式完成这些工作。

所以，在父亲72岁时，他开始在帆布上刺绣，而且乐在其中。他成了一名技艺高超的刺绣艺术家，在加利福尼亚各地得奖无数。我记得在他85岁左右的时候，他刚刚开始一项我见过的最庞大、最复杂的刺绣工程。他要绣的是一幅描绘精细的“生命之树”。

我问他：“爸爸，这要花多长时间才能完成？”

父亲回答说：“宝贝，以我现在的速度，我想大约需要四年时间。”

想象一下，一个85岁的老人开始一项为时四年的工作。他表达艺术技艺的热情给了他很强的目标感。他完成这项工作了吗？完成了！那是他最了不起的作品。现在，这个作品骄傲地挂在了我父母共同生活了53年的房子的客厅墙上。

我父亲让我明白一个道理：一个人如果有了目标感，那么他不管做什么都会感到快乐。

练　习

确认你热衷何事

这个练习由珍妮特·阿特伍德和克里斯·阿特伍德设计，是弄清何事对你真正重要的第一步。在进行并完成热情测试的过程中，你可以发现确定自己最热衷的五件事以及让自己的生活和这五件事保持一致的方法。

1. 拿出一张纸，在上面列出至少10件事，这10件事让你感觉工作、生活都很理想。将句子补充完整："当我拥有理想的生活，我＿＿＿＿＿＿＿＿。"例如，"当我拥有理想的生活，我在用自己对写作的热爱鼓舞他人""当我拥有理想的生活，我感觉身体健康、身材健美、精力充沛""当我拥有理想的生活，我与家人和朋友关系良好"。如果写不出来，那就想一些你绝不希望发生的事，然后把这件事反转过来。例如，如果你想的是"当我拥有理想的生活，我身边不会有说谎、欺骗或偷窃之人"，把它反转成"当我拥有理想生活，我周围全是诚实、正直、有爱可以给予他人的人"。
2. 现在，想4个你认识的人，这些人对自己正在做的事情没有热情。他们谈论的是什么？他们把注意力放在哪里？他们如何对待和他们相处的人？至少列出你观察到的这些人的5种行为。

你自己也有类似的行为吗？你认为这些行为会如何破坏你的目标？

3. 要改变这些行为，让你的生活与你在第1步里列出的事保持一致，最终过上你应得的热情洋溢、目标明确的生活，你可以做哪些事？列出至少5件你下个星期可以做的。

让目标感召生活的快乐习惯之二：跟随当下的感召

当你跟随自己的快乐……在你意想不到的地方会有大门为你敞开，而且只为你一人敞开。

——约瑟夫·坎贝尔（Joseph Campbell），20世纪学者、教授

清楚自己热衷何事之后，你内心的热情会将你点燃，告诉你当下应做什么。你被受到感召的行为指引。你知道自己想做什么，但是你可能不知道如何让这件事发生。感召会带你找到答案。

跟随感召并不是说只做那些容易的事。感召给你勇气和毅力，让你去做实现目标必须要做的任何事，哪怕这件事充满挑战或令人恐惧。当你受到感召时，你的行为源自内心的目标感，

而不是出于义务或为了得到别人的赞同。

朗达·拜恩浑身洋溢着快乐，受心灵感召的指引，由此创作了电影和同名畅销书《秘密》，被《纽约时报》称为自助类图书史上的非凡之作。朗达还被《时代》杂志提名为 2006 年世界最有影响力的 100 人。在一次采访中，朗达对我和卡萝尔讲述了她自己的经历，接下来我们将为各位描述朗达的电影发行经历了怎样的峰回路转以及整件事背后的心灵感召。

传播《秘密》

我一直都是快乐的人。我有幸福的家庭、亲密的朋友。身为电视节目制作人，我很享受自己的工作，事业成功。但是在 2004 年，12 个月内制作完成 6 个与电影等长的电视特别节目之后，我筋疲力尽。另外，当时我父亲刚刚去世，除了要应付丧父之痛，我还特别担心无法接受父亲去世的母亲。一天晚上，和母亲打完电话之后我感到非常绝望，禁不住大哭起来。

23 岁的女儿看我如此难过，递给我一本书，说：“妈妈，我想这本书能帮到你。”那本书是华莱士·沃特尔斯写的《致富之道》（*The Science of Getting Rich*）。我很疑惑一本关于致富的书怎么能帮我解决悲伤问题，但我还是打开书读了起来。

每读一句话，我的惊奇就多一分。这本书确实是关于致富的，但金钱只是书的一部分。《致富之道》告诉我们如何在生活的各个层面都感到快乐和富足。虽然我以前没读过这样的书，但是我立刻知道这本书说的都是对的。

看完这本书，我完全变了一个人。那种感觉就像第一次看到太阳。我看待事情有了新的视角。

之后几个星期，我就只是学习。我一本书接着一本书地读，追溯沃特尔斯书中所述理念的历史。几个星期过去，我意外地发现了这个世上最有价值的秘密：你的所想、所感、所言、所行都是被你吸引到自己身上的。事实上，我们创造了属于我们自己的现实。

将这个原则应用于生活中之后，我的整个生活都变好了。不久之后，我希望把这个秘密分享给尽可能多的人。因为有影视制作背景，我认为分享这个秘密的最佳途径是创作一部电影。

之后一年的大部分时间里，我和出品公司共同制作了一部名为《秘密》的电影。这部电影的制作过程是一次极其精彩的冒险经历。在电影创作和开发的每一个阶段，包括剧本创作、道具制作、采访，甚至是电影分销，我们都应用了我们要在电影中呈现的吸引定律。

一开始，我的想法是通过传统渠道进行这部电影的分销，也就是说我们要么通过影院，要么通过电视渠道进行电影的分销。但是，在我们完成电影拍摄之前，电视渠道完全关闭，选择这种方式进行电影的分销已经不可能了。后来，在我们的项目完成的时候，影院渠道也关闭了。我们和世界各地的电视台和电影公司洽谈，但都进入了死胡同。我们坐在那里，守着我们想要传播到全世界的电影无计可施。

我感到不知所措，直到我意识到我陷在了“怎么做”这个问题里，试图想出办法来让事情按照我预计的方式走。按照吸引定律，我应该做的是专注于我想要创作的东西，因为自己的成功心存感激、感受快乐，相信办法总会出现。于是，我放下了所有的担忧和分销计划。这让我完全置身黑暗，看不到眼前的路。即便如此，我还是坚持自己的目标，感受心中的快乐。

在我放下“怎么做”这个问题的那一刻，一系列不同寻常的事陆续发生：一家名为维维达斯（Vividas）的公司来到我们面前。该公司在当时是流媒体视频领域的先驱。流媒体是一种突破性技术，可让观众无须下载就可以在电脑上观看视频。在那之前，流媒体技术只用于电影预告片之类的短视频，还没有人用这种技术制作整部电影，但是维维达斯公司甘愿冒险。我们满世界寻找电影分销公司，最终却与距离我们澳大利亚办公地仅两条街的公司合作了，多么神奇！我们与维维达斯公司的专家通力合作，《秘密》最终成为历史上第一部流媒体电影。更让我们惊奇的是，这项新技术让我们实现了24小时内全球电影发行，这是我曾经梦想并且知道总有一天会实现但之前却被告知无法做到的事。

《秘密》开辟了一条新的电影发行之路。通常一部电影会先在影院上映或在零售商店以光盘形式出售，但是《秘密》是先在网上以流媒体形式播出、在网上出售光盘，然后才在零售店和其他传统专营店销售，并且取得了巨大成功。在我们获得成功后，各地电影公司和电影分销公司都找上门来，向我们讨教这种电影发行模式。他们以为我们已经知晓这种发行方式的清晰路径，但事实并非如此。我们借由内心的快乐感知我们要走的路并且相信这条路，一切皆源于此。

发现吸引定律之后，我的目标变得清晰起来：身处快乐之中，通过一言一行与无数的人分享这份快乐。我特别注意自己的内心目标——身处快乐之中。

有时候，我会朝某个方向前进一步，但很快遭受阻碍，仿佛宇宙在对我说："在这里停一停，你以为你是要往哪里去？"然后我会找回信任、快乐和感激，回答道："好的，你来指引我。"我等待着，很快就在那处快乐的地方看到一条截然不同的道路为我打开。

这样的情况一直都在发生。我非常急切地想要开始制作下一部电影，我想在电影里呈现的每样东西都让我兴奋和激动。因为热情，我向前迈进，但很快又遭遇阻碍。我马上得到指引："朗达，你要先把这个孩子照顾好，再去生下一个孩子。让《秘密》这部电影成长、成熟，把能给的一切先给这个孩子。现在做新电影为时尚早。"我非常清楚这一点，所以把注意力从新电影的事上收了回来。

做新电影的热情尚在，而且正在我内心继续燃烧，但是我现在可以平静、泰然地对待这份热情。我已经放下制作新电影的时间表。我很肯定我可以在心中感觉到这个时机，我会很确切地知道何时才是开始做新电影的适当时机。

关于《秘密》这本书，我也是跟随内心的感召，直到我感觉整个电影项目已经完成，才开始动笔。我不停地感受结果——更多的快乐、更多的热爱、更清晰的思路。每次感受到真正的感召，坐在电脑前的我都会泪流满面，那是感激、热爱和快乐的泪水。每当感情崩溃时，我的思想就会让位，创造力就会流遍我的全身。这种快乐可以借由快乐表达，也可以与世界分享。

* * *

你的工作是“做什么”，不是“怎么做”

当你像朗达一样受到目标感召时，你只需要跟随指引即可。你可以绝对相信目标的感召可以带着你一步一步向前走。在《秘密》这部电影里，杰克·坎菲尔德谈到了夜间开车的经历。汽车前方的道路只有200英尺（1英尺=0.3048米）被车头灯照亮。尽管看不到终点，但只要你在照亮的这段路上行驶，就可以到达你前往的地方。在生活里，感召的火焰就像车头灯，可以照亮你接下来要走的路。你要做的就是跟着这盏灯前行。

旋进：小步子，大影响

在按照当下的感召做事时，你通常不知道自己做的事情会有怎样的结果或者这些事会把你带往何处。小蜜蜂从一朵花飞到另一朵花，但是它不知道自己在给植物异花授粉，帮植物维持生存。小蜜蜂只是被另一朵花吸引，采集会变成蜂蜜的花蜜。

罗莎·帕克斯拒绝司机要求她让座给白人乘客，她当时不知道她勇敢的行为会成为美国民权运动的开端。她迈出的只是当下那一刻她认为正确的一步，在她看来，那是她发出的关于自由的小小宣言。

有远见卓识的著名建筑师巴克敏斯特·富勒用“旋进”（precession）这个词来形容一小步改变带来惊人的、未曾预见的结果的现象。

我在生活中已经多次经历“旋进”。如果你在20多年前告诉我我将会成为畅销书作家，我会认为你疯了。我只想成为一名演说家。我讨厌写作！事实上，我在奥地利水晶公司任职时，写商务信函和备忘录的方式在全公司都是出了名的。有信函要写时我总是能拖多久就拖多久。（办公室职员可以从我办公桌的整洁程度判断：我的办公桌越整洁，我拖延的时间越长。）尽可能拖延，努力想写但还是写不出几句话时，我会去我朋友杰伊的办公室，说尽好话哄他替我写。我是这个世界上最不会写东西的人，我对此深信不疑。

我辞去水晶公司的工作打算成为一名公司培训师，唯一能找到的是教授商务写作的职位。表面上我心想：**不可能！这是在开玩笑！**但是在心底，我感觉这个工作合适。我接受了这份工作，学习所有关于写作和编辑的知识，我发现我实际上有一些写作方面的能力和才华。6年后，当我有写《心灵鸡汤：女人心语》的想法时，我有了充分准备：我有与其他人共同创作这本书所需要的技能。这并不是我的计划，是生活带我走到这里的。

一些人有目标时会听到号角齐鸣，但很多人听不到。你可能感觉自己有特殊的、独一无二的天分，但是不知道如何表现。放宽心，一直看着眼前被照亮的路，机会一定会在你最意想不到的时候悄悄降临。

练　习

受感召行动

我喜欢把感召看成是精神上东西，终日受心灵的指引。要想受感召行动，一个绝佳的方式是问自己下列改编自《奇迹课程》（*A Course in Miracles*）的问题，以此开始一天的生活。具体做法如下：

1. 闭上双眼，慢慢地深呼吸几次。
2. 问自己以下三个问题：

   精神让我做什么？

   精神让我去哪里？

   精神让我说什么？对谁说？
3. 在你度过一天的过程中，用你接收到的答案“照亮你前进路上出现在眼前的200英尺”。

让目标感召生活的快乐习惯之三：为比自己更重要的事贡献力量

我不知道你们的命运是什么，但我知道一件事：在你们当中，只有那些寻找并发现如何为别人服务的人才是真正快乐的人。

——阿尔伯特·史怀哲（Albert Schweitzer），医生、人道主义者

在生活中，最快乐的人会为了比自己更重要的事贡献力量。斯图尔特·埃默里为了写《成功常青》采访了获得持久成功和快乐的人，他发现这些人的目标不是名声、财富或权力。追求这些目标的人最终必然感觉空虚和不快乐。我对快乐百人的采访显示，相信快乐无须理由的人可能拥有名声、财富和权力，但是这些都是热情生活、为重要的事业贡献力量的结果。奥普拉·温弗瑞曾经说过：**“我从来没有追逐金钱，我只是说‘上帝让我为你所用吧’。告诉我如何看待我是谁、我想成为什么样的人、我能做什么。以此为比我更重要的目标服务。”**

快乐百人的成员琳内·特威斯特热诚地投身于伟大目标的实践，有时被人们称为当代特蕾莎修女。很幸运，我和琳内因

为私人和工作原因相处过，每次在她身边我都会被她做每一件事时身上闪耀的美丽和善良感动。她常常满怀感激、热泪盈眶。在采访中，琳内和我们分享了她找到自己使命的经历。

使命

十几岁的时候我过着双面生活。在大多数人看来，我是典型的 20 世纪 50 年代高中女生。我每门课都拿 A，是拉拉队成员、返校节皇后，还和学校的橄榄球队队长约会。但是还有另一个琳内，这个琳内非常虔诚，每天天不亮就起床去参加清晨弥撒，奉特雷莎修女为偶像，心怀做修女的梦想。哪一个琳内才是真正的我呢？两个都是。

这种双面生活始于我父亲的去世。我很崇拜我的父亲。他是像格伦·米勒一样的大乐团指挥，因为他我们家充满了欢声笑语，并且家里总是有很多音乐家齐聚一堂，载歌载舞。可是，在我 14 岁生日的前两天，我父亲因为心脏病发作在睡梦中安详地离世。那一年他只有 50 岁。

我无法理解父亲的离世。因为震惊和悲痛，我开始寻找人生深层的意义，并且向教会寻求帮助。就是从那时开始，我立志毕生为他人服务，创造不同。

我对朋友们隐瞒了我的精神信仰，因为这一点都不酷。我积极参与社区服务活动，拉上所有的朋友来帮忙，尽量拉近精神生活和物质生活之间的距离。参与社区服务活动时，我们要做各种各样的事，包括为义卖收集衣物，给辍学的贫困孩子辅导功课。帮助别人带给我们满足感，我们做得都很开心。

高中毕业后，我上了美国斯坦福大学。在大学里，学习里尔克、鲁米等人的诗歌代替了日常去教会的习惯。和比尔·特威斯特坠入情网时，我还在寻找自己来到这世上要完成的使命。我上大四时，我们了结婚，大学毕业不久，我们的女儿和两个儿子接连出生。

虽然这些年很快乐，但我对更伟大目标的寻找一直在暗中进行，这促使我参加了名为“艾哈德研讨训练”（EST）的个人成长研讨班，和著名发明家、设计师、未来主义者巴克敏斯特·富勒学习。我在大学期间已经读过富勒写的书，非常崇拜他。富勒在32岁时曾想过自杀，但在最后一刻放弃了这个念头。他对自己说：“我可能是个用完就被丢弃的人，但或许我可以奉献这一次性的生命去创造不同。”“用生命创造不同”这个说法就是富勒创造出来的。他进行了一项实验，目的是看看一个普通个体是否能改变世界、造福人类。

1977年，我把富勒介绍给了艾哈德研讨训练组织的创办人沃纳·艾哈德，“饥饿计划”（The Hunger Project）组织诞生了。该组织致力于解决世界饥饿问题，旨在消除全球范围内的饥饿。

几天之后我在听说了“饥饿计划”之后，内心产生了极大的震撼。我坚信这就是我要做的事。我走出“由我自己主演的我个人的人生电影”，开始在一部更大的电影中担任配角。在这个更伟大的使命面前，我的性格和我的议程都要退居次要位置。这样的承诺清晨将我唤醒，告诉我穿什么衣服、去哪里，给了我雄辩的声音和言辞。

我在“饥饿计划”组织担任领导职务，很快我就发现自己到了极限。我又过上了双面生活，现在我既是生活在郊区的妈妈又是抗击饥饿的斗士，只不过这一次我的双面生活不再是秘密。我有完美的丈夫和三个不同年龄的孩子。我全心全意地爱他们、支持他们，也尽心尽力地为消除全球范围内的饥饿而努力。我为之奉献的这两件事并肩共存，有时这种共存是字面意义的共存。来自孟加拉国、瑞典、日本和埃塞俄比亚等国家的人在美国参加“饥饿计划”培训期间常常要住在我家。因为我不停地出差，所以我尽可能地把丈夫和孩子们带在身边。别人家去迪士尼和阿斯彭度假，我们家去津巴布韦和印度尼西亚。

我们有足够的钱，可以雇佣出色的管家，这帮了我很大忙，但我还是尽可能做到周末和家人在一起。有时候，这意味着星期一飞到印度，星期五飞回美国。我感觉自己一直被两个方向的力拉扯。

一个星期六，因为错过了女儿的合唱音乐会和儿子的足球冠军赛，我感到心烦意乱，于是我召集家人开了个家庭会议。我们一家人在地上围坐一圈，我对丈夫和孩子们说：“我感觉很内疚，我今年没做万圣节服装，没参加音乐会和足球赛。请大家允许我继续说下去。我很专心地做‘饥饿计划’的相关工作，但我无法事事都做，我感觉左右为难。”说完这些话，我啜泣起来。

八岁大的女儿萨默走过来搂住我，说：“妈妈，如果你能帮助消除世界上的饥饿，我们不用你开车送我们去看牙齿矫正医生。其他人可以送我们去。”她继续说道：“我们有最棒的生活，还有最了不起的人和我们一起生活。我们非常幸运，我们为你骄傲。”

两个儿子和丈夫也走过来搂住了我和萨默，丈夫说：“努力吧！我们因为你献身的事业感到激动，它照亮了我们的生活。”我们拥抱在一起，又哭又笑。我最重视的两件事之间的裂痕闭合了，存留的双面生活的痕迹消失了。

在那之后，在世界范围消除饥饿成为我们一家人投身的事业。孩子们在我的办公室做志愿者，经常趴在我的办公桌下面写作业。我们都成了世界公民。我现在意识到孩子们之前并不需要过“正常生活”和“精神生活”两种各不相干的生活。我们已经将这两者合二为一，也因此变得更好了。

人们常常认为过有意义的生活意味着牺牲，但是对我而言，情况恰恰相反。因为过有意义的生活，我有机会做我想象不到的事，结识我想象不到的人。见到我的童年偶像特雷莎修女时，我们之间的联系非常直接和自然。我可以理解特蕾莎修女的想法，因为我也有同感。

因为信守承诺地生活，我有幸与世界各地智慧、勇敢的人们同处一片天空之下。1984—1985年非洲大饥荒之后，我和一群埃塞俄比亚妇女围坐在一口枯井旁五天五夜。这些因为饥饿失去了孩子的妈妈们以及像她们这样的人激励着我继续为消除饥饿这个目标努力。

1977年“饥饿计划”组织成立时，每天有4.4万人死于饥饿，其中多数都是年龄在5岁以下的孩子，而且因饥饿死亡的人每年都在增加。现在，虽然世界人口增长了，每天死于饥饿的人的数量看似减少了，但实际这个数字仍然很高。

我一直在想，我要终我一生一直为“饥饿计划”组织工作下去，要么消除饥饿，要么在我生命结束时仍在为这个目标奋斗。但是出乎我意料的是，1994年我听到了新的召唤。一开始，我没有理会，以为那不过是让我从眼前的工作中分心的事。然而，这个召唤的声音太过持久、太有说服力了，最后让我看向自己的内心，将我带入了一个新的人生方向。1996年，我和我丈夫比尔创立了“地球母亲联盟”（Pachamama Alliance），与南美原住民一起保护热带雨林，创造一个所有生物可持续发展的全球新视野。科学家预测，如果热带雨林消失，南美洲将会变得贫瘠，造成饥饿危机，影响数百万人口，威胁整个地球的健康。保护热带雨林这个目标与我最初的使命相差不多，现在我在做的不是努力消除饥饿而是努力确保饥饿不再发生。

过去，无论形式如何，我一直献身于召唤我的更高远的目标，这种献身带给我快乐的生活，是比我可以想象的任何生活都更快乐的生活。

* * *

用生命创造不同

要为比自己更重要的事贡献力量，你不必成为特蕾莎修女或琳内·特威斯特。当你发现对自己重要的是什么，你每天做的事都是在或大或小地为他人和世界服务。

你服务的是什么并不重要。我们都会受到吸引去投身不同的事业。对一些人来说，这个事业是保护野生动物；对其他人来说，这个事业是维护社会公正、消除贫困或者让所有孩子都能接触艺术。具体的内容不重要。当你服务于比自己更重要的目标时，这个目标会给你的生活带来更多的意义和快乐。我在美国“大哥哥 / 大姐姐计划”（Big Brothers/Big Sisters）服务时有过这样的经历：和我可爱的小妹妹莉亚在一起给我带来了极大的快乐。

对创造不同的渴望足以影响吃什么、去哪里购物、开什么类型的车等日常决定。我有一个朋友开混合动力汽车，只吃在当地农贸市场买的有机农产品。她管这种做法叫用自己的钱袋子投票，把钱花在自己相信的东西上。

捐款不需要你拥有很多财富，但是可以产生很大的影响。

即使向慈善组织捐10美元或20美元，也可以让一家人吃一个星期的饱饭、买一头牛或一只羊、资助一个小本生意、购买种庄稼的种子，从而给别人的生活带来巨大的影响。为比自己更重要的事贡献力量不一定涉及金钱，可以是交换时间、交流兴趣、互表关心。

一直以来研究都表明，只要不做过头，为了他人奉献自己，即利他主义，是与更多的幸福、健康和快乐联系在一起的。奉献自己并不是说要你成为别人的依赖，不是要填补内心的空虚或牺牲自己服务他人。我所说的服务源自快乐、感召和目标，这可以给你带来更多的安宁和幸福。

练　习

可视化：服务的召唤

可以在别人的带领下做这个可视化练习，也可以听自己的录音完成所有步骤，还可以选择先阅读所有指引，然后默默地带领自己完成练习。

1. 在安静、不被打扰的地方坐下或躺下。闭上双眼，慢慢地深呼吸，让全身放松。
2. 感觉自己的身体越来越轻、越来越膨胀，直到感觉并且看到自己漂浮在身体的上方。
3. 现在想象你在距离自己身体很远的空中，在地球上空盘旋。你俯视下面的地球，看到了泛着微光的美丽的蓝色球体。你可以看到下面的海洋、大陆和巨大的云层。靠近一些，你看到了山脉、森林、峡谷和城市。

4. 你看到数以亿计的人和动物生活在地球上，彼此相连。你感觉与下面所有生灵都有联系。你感觉自己是更宏伟计划的一部分。你把注意力放在“我现在是如何被召唤投身服务的”这个问题上。

5. 你发现自己被吸引到地球的某个地方，这个地方对你有某种意义或吸引力。你看到促使你去服务的某个情况。你看到的可能是你熟悉的某个人、某个地方或某件事，也可能是全新的人或事。例如，救助动物、治疗某种疾病、保护海洋、服务你所在地区或发展中国家的儿童。保持好奇心和冒险精神。看看自己落在何处、周围的环境如何、有什么事需要去做。你可能一次或多次感受到正在等待你的机会。以开放的心态对待所有机会。

6. 感觉体验结束之后，表达感激，然后渐渐感觉自己回到坐着或躺着的房间。思考如何利用接收到的意象被引领到自己可以投身服务的地方。你的生活中会一步步产生什么改变？请拭目以待。

小结和快乐行动步骤

当你的生活受到目标感召，你会选择自己热衷的事，让感召的火焰照亮人生之路，或多或少为比自己更重要的事贡献力量。这样便构建出你快乐家园的屋顶。遵循以下行动步骤，养成让目标感召生活的快乐习惯：

1. 寻找把工作变成事业、把事业变成使命的方法。在你目前所处的环境中做哪些改变可以让你更多地感受目标的感召？
2. 每六个月做一次完整的热情测试，做真正对自己重要的事。
3. 每天早晨，问问自己："今天做什么有意义？"然后在目标的感召下过完一整天。
4. 问一问自己："我怎么才可以最好地为他人服务？"迈出一步，为当地提供志愿服务，如拜访地方养老院、食物银行、动物收容所，参加扫盲计划和环保组织等。看看自己可以提供哪些帮助。即使一个月做一次或两次，每次做一个小时，你也可以为自己和别人创造不同的生活。

第9章

快乐家园的花园——培养滋养型人际关系

快乐的人也可以让他人快乐。

——马克·吐温，作家、幽默大师

我喜欢坐在自家的花园里。我最喜欢花园一角的长椅，这里不但有充足的阳光而且有很好的视野，可以看到院子里的花草树木。结束疯狂的一天，在这里放松心情或者花几分钟时间在这里欣赏周围的美景，真的很不错。

你周遭的人就是你快乐家园周围的花园。当你环视这个花园，看到的是娇艳美丽的玫瑰和大丽花，还是疏于管理、杂草丛生的土地？人际关系对我们的影响也有相同之处——要么让我们心情愉悦，要么让我们心情沮丧。快乐的人培养的人际关系，可以为他们的快乐提供养料。

人力

积极心理学领域的数十项研究证明，拥有良好的社会关系是预测快乐非常有效的指标之一。美国芝加哥大学的国家民意研究中心进行的大规模调查显示，与拥有不足5位的亲密朋友（家人除外）的人相比，拥有5位或5位以上亲密朋友的人认为自己“很快乐”的占比高出50%。而另一项有800人参与的调查显示，认为财富、成功和地位比亲密的朋友以及与另一半之间充满爱的感情关系更重要的人“相当”或“很”不开心的数量高1倍。

幸福学研究之父爱德华·迪纳和积极心理学之父马丁·塞利格曼于2002年对在某个标准的幸福感测量中得分最高和得分最低的两组人进行了研究。他们发现快乐组唯一的共同特征是拥有亲密且信赖的人际关系，而不快乐组没有这个共同特征。

在采访中，我也发现了同样的特征。虽然快乐百人在人际关系方面差异很大，但是他们的每一个关系都很健康，可以给他们带来快乐。快乐百人的与众不同之处在于他们的快乐不依靠他人。当人们相信快乐无须理由时，他们享受与家人、朋友在一起，但也享受独处，享受与自己为伴。快乐的人把快乐带到各种关系中，而不是试图从不同的关系中得到快乐。

情绪感染

过去十年，神经科学领域让人感到兴奋的发现之一，就是与他人建立联系是人脑的本能。与我们有交流的每一个人，即使是在街上擦肩而过时对我们点头致意的人，都会刺激一种将我们联系起来的“神经桥”。我们的大脑中有镜像神经元，与我们周围的人产生同步或不同步的反应。

你可曾发现自己无意间模仿与自己交谈的人的面部表情、姿势、身体语言或说话节奏呢？你可曾发现即使自己不累也会在别人打哈欠的时候跟着打哈欠？当人们观察到别人做某个动作时，镜像神经元会在大脑中“反射”这个行为，好像自己也在做这个动作一样。

镜像神经元还与我们对他人的情绪产生共情的能力有关，这也解释了为什么一个愤怒或沮丧的人走进房间时，房间里的人都可以感觉到这个人的坏情绪；或者为什么看到别人情绪激动不能自已时，我们也会热泪盈眶。现在，一些研究人员认为，导致与他人建立联系的能力受到破坏，可能与镜像神经元受损有关。

我们的情绪是有感染力的。国际知名心理学家、《情商》（*Emotional Intelligence*）和《社交商》（*Social Intelligence*）的作者丹尼尔·戈尔曼认为，情绪会像感冒一样从一个人传给另一个人。虽然“感染”令人振奋的情绪可能有益，但感染其他人的愤怒、嫉妒、焦虑、憎恨等情绪可能有害。

“你可能接触了患传染性微笑的人。”

戈尔曼博士称，我们与某个人的情感联系越深，这个人对我们的影响越大，特别是时间长了以后。我从我的至亲之人，特别是我的丈夫塞尔吉奥那里感染了一些很好的情绪。我并没有有意识地将快乐作为我对理想伴侣的品质要求之一，但是塞尔吉奥是一个极其快乐的人，这当然让我感到幸运。这也让他光明正大地进入快乐百人行列。事实上，他的歌声中时常洋溢着快乐。他在淋浴时放声高唱动人的意大利情歌，我在房子另一头都听得到。起初，我还以为他只是想给我留个好印象。但是，如今他不需要再玩这样的把戏，淋浴时快乐高歌依旧是他日常生活的一部分。而且还不止这样。塞尔吉奥做早餐时唱歌，洗衣服时唱歌（没错，我们家是他洗衣服），回复邮件时唱歌，几乎整天都在唱歌。有时候，我在打公务电话时不得不走出房间请他降低音量。不过，我不愿意与世上任何东西去交换在他身边感受到的快乐，因为这对我的快乐影响太大了。

想一想你生活里的人。你愿意“感染他们的情绪”吗？

你好，朋友！

人际关系会对我们的身体产生生化影响。当我们与别人建立健康的关系时，大脑会让我们的细胞充满与快乐有关的化学物质；当我们有不健康的社交往来时，有害的化学物质会被释放出来。

最近一项研究显示，女性的生化神经网络决定了她们比男性更有可能寻求与他人的关系。虽然男性和女性在承受精神压力时都会分泌肾上腺素和皮质醇，但美国加利福尼亚大学洛杉矶分校的一项具有里程碑意义的研究发现，为了减少这两种化学物质对身体的影响，女性的大脑会分泌催产素，也就是我在第 6 章里提到的可增进人与人之间情感联系的激素。这就是为什么女性在经历艰难时刻的时候经常想和其他女性聚一聚或与亲密的女性朋友畅聊一番，或者为什么女性感觉受到吸引去照顾孩子或宠物。研究人员称这种行为为“互助友好”（tending and befriending）。“互助友好”行为由催产素刺激产生，反过来又促进催产素的分泌。女性越是互助友好，分泌的催产素越多，最终起到镇定作用，减少精神压力。

毫无疑问，朋友能让女性的生活更快乐、更健康。哈佛大学医学院著名的“护士健康研究”发现，随着年事增高，女性拥有的朋友越多，患身体疾病的可能性越低，愉快生活的可能性越高。研究人员得出了重要的结论：没有亲密朋友或心腹知己，对女性健康的危害等同于吸烟和体重超重。

我的同事约翰·格雷是畅销书《男人来自火星，女人来自金星》的作者。我因为这本书采访他时，他回顾了关于压力、激素和性别三者之间关系的大量研究。他告诉我，女性在面对压力时会分泌催产素，而男性却没有这样的生物化学反应。研究称，男性感到压力时会分泌皮质醇，致使多巴胺和睾丸素的分泌水平下降，产生沮丧和抑郁情绪。格雷认为，从生理上讲男性的本能是通过解决问题、采取行动、克服风险和危险，而不是通过聊天或照顾他人来刺激相关化学物质的分泌。因为男性体内催产素水平较低，所以他们对与朋友建立亲近关系的兴趣不是那么高。

人际关系与个人能量

除非你长期稳定地处于快乐状态，否则你的快乐会受到周围人的能量的影响。如果你身边的人际关系能助你快乐，那么你的能量就会增加；如果你的身边有很多带有负面情绪的人，那么你的能量就会下降。

能量下降	能量增加
感觉孤单、孤立	与他人建立关系
让带有负面情绪的人影响自己	与带有负面情绪的人建立适当的界限
说长道短、满腹牢骚	据实交流
将他人排除在外	感激他人的贡献
感觉高人一等或低人一等	感觉人们生来平等
关注差异	关注共性和一致性
指望他人让自己快乐	在快乐满满的基础上付出

实践下列与人际关系有关的习惯，提升个人幸福设定点。

与人际关系有关的快乐习惯

1. 照管人际关系。
2. 让自己得到支持。
3. 以世界为家。

与人际关系有关的快乐习惯之一：照管人际关系

你是你最常交往的五个人的平均值。

——吉姆·罗恩（Jim Rohn），作家、励志演说家

我们照料自己的花园，给花园除草、浇水，在花园里种上植物以确保植被茂盛。我们可以维护我们的人际关系，多和帮

助我们快乐的人相处，少和侵蚀我们快乐的人在一起。

当然，你的内心越快乐，受外部环境的负面影响越小。在我采访快乐百人的过程中，我发现他们在不得已的时候与有负面情绪的人打交道，但也会在可能的情况下限制与这类人的交往。

我们在第6章已经遇到过的作家、人生教练玛莎·贝克也是快乐百人中的一员。她所经历的深刻的个人转变将她带入了一种深层的快乐状态。在下面的故事中，玛莎描述了她学会辨认生活中给她支持的人际关系的经历。

没有血缘关系的家庭团聚

刚搬到菲尼克斯（凤凰城）时，因为感到孤独，我参加过一次图书签售会，希望可以遇到喜欢读书之人。签售会很无趣，所以我决定离开，但这过程异常艰难。向外走的时候我感觉有什么东西拼命让我回头，要把我推回到举办签售会的大楼里。在回家的路上，我一路都在努力克制调转车头回去见什么人的强烈冲动。

一个星期之后，我走进一家咖啡店看到了安妮特。我立即认出了她，但并不是因为她也出现在之前的图书签售会上。她确实在，但我当时没有看到她。我认出安妮特，是因为我就是认识她。那种感觉仿佛很久以前我们的心灵已经约定好要在美国亚利桑那州的菲尼克斯市的那个指定的时间相见。这种感觉非常强烈，如果不是以前在其他地方和其他人之间有过几次这样的感觉，我可能会被吓到。

大约15岁时，我第一次感觉我遇到了我最喜欢的那一小部分人。与很多十几岁的青少年不同，我觉得摇滚乐远远不如英国文学和生物学有趣。我有很多和我一样爱读书的朋友，因为这群同辈人带给我的压力，我用功读书，为参加学术能力评估考试（美国高考，SATS）做准备。但奇怪的是我感觉自己被放错了地方。走在我就读公立高中的楼道里，我像是一只脱离了群体的斑马，搜寻其他长有斑纹的动物。

“还有更多我的同类，”我不停地这样想，“其他同类在哪？”

我不时会在课堂里、在辩论会上、在购物中心遇见某个像磁铁一样吸引我注意力的人。这些人在黑暗中微微发光，让我无法从他们身上移开视线。这些人有老有少、有男有女，他们对我的吸引与情爱无关——我就是……认出了他们。

随着我的成长和成熟，这样的情况变得越发明显。上大学的第一天，带着极其害怕和孤单的心情，我走进一间画室，立即认出上课的老师会是我人生中重要的一位导师。那天晚些时候，我坐在公共汽车站的椅子上画画，这时一个衣着讲究的陌生人看了看我的作品。

她说：“听着，有一门美术课你应该要上一上。”

“我知道，我已经在上了。”我答道。

这个陌生人看着我。毫无疑问，我们说的是同一门课。她点点头。她要坐的那趟车到了，她上了车。我再也没见过她，可是我认识她，也喜欢她，现在依然如此。我们已经赴过约。

如果这件事你听起来感觉很奇怪，想一想我的感受吧。我活得越久，越能强烈地“认出”我从来没见过的人。而且，我开始意识到，这种人与人之间的连接是相互的：我认识的陌生人也认识我。他们的眼中都带着疑问，仿佛一直在人群中寻找失去了的亲人。

二十八九岁时，我越来越觉得与自己的原生家庭和社区格格不入。我的家庭和社区都有着深厚且严格的宗教正统观念，这使我和他们之间的关系好像越来越不健康。我接受了治疗，很好的治疗，我越是孜孜以求地审视自己的内心，学会区分我认为的是与非,就越明白减少与家庭和社区的相处不是我的错，而是必要的、有治愈性的、健康的选择。

我明白了为什么我感觉与几乎不认识或仅仅是见过的人之间有一种温暖、鲜活的联系。

这是因为他们是我的家人。

现在，我对家庭的理解是一个精神上相互连接的关系网，不会因为遇到新的父母、兄弟、子女感到意外。我的至亲至爱往往以极其神奇的方式进入我的生活。

例如，安妮特是第一个成为我朋友的作家，之后不久我们邀请了另外两位作家道恩和托拉与我们一起组建写作小组。碰面的前一晚，我梦见一个印第安纳瓦霍女巫医给了我一个蓝色的宝石蝴蝶，说：“迪内（Dineh，纳瓦霍语，意为人民）。”关于这个梦，我没想太多，但在见到托拉的那一刻，我起了一身鸡皮疙瘩，托拉和我梦里的女巫医简直一模一样。道恩碰巧提到了她的双胞胎姐妹，名字的发音恰好和纳瓦霍语里的“迪内”一样。这时，我和大家讲了我前一晚奇怪的梦境。当我提到蓝色的宝石蝴蝶时，安妮特突然大笑起来。她打开手提包，从里面掏出一只蓝色的宝石蝴蝶。

如果没有这个写作小组，我一本书都完成不了。在小组成员的支持下，我完成了手稿，最后还找到了帮我出版的代理人和出版社。我去纽约见编辑贝琪，仅仅30秒我就意识到她是我最青睐的姐妹。

吃完我们在曼哈顿的第一顿午餐，我寄了一只陶瓷小海龟给贝琪当礼物，在附送的卡片中我解释了海龟象征在写作的世界里我们需要如何走完一生：沉着自信、缓慢平稳，知道何时把头缩回去。“我收到你寄来的陶瓷小海龟了，”贝琪告诉我，“我想，你知道。”我当然知道。我这么做已经很久了，久到能辨别出什么时候是在守护和我至亲至爱之人的约定。

我的人生似乎变成了一场漫长的家庭团聚。现在，这个家庭里已经有很多亲人、有庞大多样的部落，有时我发现自己因为喜悦、惊奇和感激而无助地哭泣。当我遇到我爱的人，我们几乎懒得假装不认识彼此。

在一次研讨会上，我遇到另外一个主持人，他没有自我介绍，我们拥抱彼此，因为大家共同赴约而激动不已。他满面笑容地对我说："嘿，我有一本书你用得着。"我接过书，知道这本书包含的信息和灵感是我一直企盼得到的。我可能不会再见到他，但是我们能感觉到对方在这世上的存在。在德国举行图书的巡回推广活动时，一名与我素未谋面的男士抓着我的手用德语说"你"，我微笑着用英语说"你"。我们俩都大笑起来，为终于见到彼此而欣喜若狂。他用德语说："我们嘴上说的不是同一种语言，但我们心里是。"我不懂德语，但我完全明白他在说什么。

在非洲，我走进一间教室，见到了老师和聪加族小村落里的几个人。我真的认出了他们所有人。

"我要助养这所学校，"我对老师说，"我希望可以帮助你们获得一切所需。"

老师适时地点点头说："好。"

我们都不需要再加上一句："我很高兴我们遵守了这个约定。"

到了一定年纪，经历了数千次这样的时刻，我已经学会享受这些时刻，不用疯狂地去想这一切意味着什么。拥有一个心灵家庭这个回报本身已经足够。但我还是有很多问题。是不是每个人都有一个由没有血缘关系的个体组成的庞大家庭呢？换言之，这个家庭里的人可能在肉体上没有共同点，但却可以根据他们的心灵认出彼此。是不是每一个精神家族都有某个任务要去完成呢？

我不确定，但我有种直觉，这些问题的答案都是肯定的。如果我的直觉是错的，如果我一生里认出家人的经历都被证明只是妄想，我也不会介意。与其他妄想相比，这个妄想是奇妙的、愉快的、甜蜜的、无害的。但万一我的直觉是对的，万一这一切对你来说异常熟悉，那么我们在咖啡店、书店或某个偏远村庄的教室里看见彼此，并且因认出彼此而欣喜的时刻可能就会出现。

万一这种情况发生，并且你先看到了我，我只有一个请求：不要害羞。我等待与你相遇已经很久了。

* * *

增强情绪免疫

花时间与家人、朋友、宠物等挚爱在一起可以让生活重置平衡，从而让人更快乐。所以，在与谁为伴的问题上做出明智的选择至关重要。

并不是我们生活里的所有人都会一直滋养我们。我肯定你有过这样的经历，你本来感觉很好，但最后身边的某个朋友、亲人或同事让你快乐不起来。这种情况也属于情绪感染：你感染了他们的情绪状态。远离情绪霸凌者和抢走你生命活力的强盗是避免负面情绪感染的最简单的方法。

身边哪些人会增加我们的消极情绪、让我们的生活一团糟通常是显而易见的，这些人爱抱怨、让人灰心丧气、批评是以伤害为目的的。但也有一些“有毒”人群不容易被发现，这些人只顾自己、担心忧虑、喜欢品头论足、善于摆布他人。他们的本意可能是好的，然而当你离开他们时会感到筋疲力尽、失落沮丧。

“如果你告诉史杰比它需要改进而不是称它为‘坏狗’，可能会有助于改善它的情绪。”

要想让自己的世界充满乐观向上之人，那就尽可能减少与“有毒”人群联系，此时便需要利用内心的定位系统。闭上双眼，深呼吸，想象生活里的每一个人。哪些人让你的能量增加，哪些人让你的能量下降？

即使已经确认生活里的“有毒”人群，问题依然存在，有时你不可能避免地与他们相处。你可能要和抢走你生命活力的强盗共事，你甚至可能和他们有血缘关系。如果是这种情况，该怎么办呢？

这就必须要学会建立适当的边界。正如菲尔博士所说：“我们教人们如何对待我们——我们决定从他们那里接受什么，不接受什么。”如果你不得不和“有毒”人群在一起，下面这些方法可以增强你的情绪免疫。

1. 打破连锁反应：既然了解镜像神经元的功能，就要利用它们为自己所用。如果必须和愤怒或消极的人谈话，有意识地让自己的目光变温和，表情中不要带任何情绪，使用与对方相反的身体语言。不要反映对方的紧张情绪，否则你的身体会反射这种负面情绪，从而将你绑架。

2. 设置无形障碍：如果你无法远离消极情绪，并且受到大量有害情绪的侵害，美国加利福尼亚大学洛杉矶分校精神病学家、作家朱迪斯·奥洛夫建议人们想象自己周围有一道隐形墙或防护屏障。这样可以给人一种情绪上受到保护的感觉，可能有助于减少以同样的消极方式回应的欲望。

3. 不要越线行驶：不要试图改变另一个人。人们很容易认为可以通过拯救别人或指出“他们的错误”来帮助他们，但这样做很少能起作用。影响他人最有效的方式是模仿你希望在他们身上看到的行为。

用爱包围你爱的人

保持关系愉快、健康的最佳方法可以用一个词来概括，那就是“欣赏”——你欣赏的会增值。当我们对别人给予的支持表示欣赏，别人支持我们的行为会得到强化，我们与他人之间的关系也会得到深化。

欣赏是一种基本的人类需求，无论是在家里还是在工作单位都是如此。实际上，根据美国劳工统计局的统计，40%的职员离职不是因为薪酬或工作量，而是因为感觉不到被欣赏。

我们经常因为习以为常而不把我们最亲近的人际关系当回事，很少为那些对我们最重要的人投入精力和注意力。心理学家约翰·戈特曼有一个非常著名的关于婚姻幸福的研究，他利用他所谓的“神奇比率”（magic ratio）来预测700对新婚夫妇究竟是能维持婚姻还是以离婚告终。戈特曼博士称，如果夫妻之间积极互动和消极互动的比为5∶1，那么他们就不会分开。10年后的跟踪调查显示，戈特曼预测会离婚的夫妻中有高达94%的夫妻确实离婚了。

《认可的力量》（*The Power of Acknowledgment*）一书作者朱迪斯·乌姆拉斯说：“要想提高快乐水平，人们可以做的非常重要的事情之一是认可周围的人。”《盖洛普管理杂志》（*Gallup Management Journal*）上的一篇文章的大意是，人被认可时会分泌多巴胺，而多巴胺这种神经化学物质与快乐有直接的关系。

2004年，唐纳德·克利夫顿和他的外孙汤姆·拉思根据社会学家和盖洛普公司50多年的综合研究写了《你的水桶有多满》（*How Full is Your Bucket*）一书。这本书要传递的信息简单易懂、易于应用：具体、真诚的正面认可是激励、鼓舞他人，与他人建立连接，也就是作者所谓的“装满一个人的水桶”的最有效方法。当你装满别人的水桶时，你自己的快乐水平也会随之升高。

我想增强欣赏的力量时，喜欢使用下面这个我称为“欣赏练习”的方法。这个方法可以充实我们与配偶、子女、朋友、同事等任何一个人之间的关系。我和丈夫塞尔吉奥几乎每晚就寝之前都练习这个方法，而这个方法也总是会让我们微笑。

练 习

欣赏练习

1. 说出对方身上让你欣赏、认可的某一点（例如：“你让我欢笑”“我感觉到了你对我的支持”“你很善良”）。说完后，角色调换。这样来回至少5次，或者你们喜欢多少次就多少次。
2. 现在，重复这个练习，只不过这次改为说出你欣赏、认可的自己身上的某一点。说完后，轮到对方说。这样来回至少5次，或者你们喜欢多少次就多少次。

与人际关系有关的快乐习惯之二：让自己得到支持

你必须自己来，而且不能独立作业。

——马丁·鲁特（Martin Rutte），公司顾问、演说家

有时候我们需要家人和朋友以外的人给我们帮助。如果我们正在经历艰难时刻，或者决定为了梦想努力，我们最亲近的人可能会同情、怜悯我们，站在我们一边，或者告诉我们现在这样挺好，他们可能无法提供我们前进需要的力量和坦诚。

通常，让自己得到支持的最好的方法是加入或者成立一个可以定期碰面的团体，这个团体的唯一目的是提供指导和直截了当的意见，让你避免陷入以前的受害者模式。

在我们的研究过程中，卡萝尔遇到了一名女子，并且立即被她友好、有爱、坦诚的态度打动。卡萝尔告诉她我们在写一本关于快乐的书，这名女子说她很多年前学会了真正的快乐，并且慷慨地答应接受我们的采访。虽然莫莉·贝克并不是她的真实姓名，但故事里她内心的平静和快乐是货真价实的。莫莉的故事是一个美好的实例，说明了互助小组在推动人们体验更大的快乐方面发挥着重要作用。

朋友的意义

我和约翰（化名）10月相识，11月他就向我求婚了。我当场接受了他的求婚，我不需要考虑，因为我被他深深地吸引着。约翰毕业于美国常春藤大学，有一份很好的工作，他很风趣，很受欢迎，是一个天生的领导者——这些是我觉得自己不具备的。另外，我当时21岁，已经准备好结婚。这时是20世纪50年代初，我没有其他事业目标，只想成为一个妻子和母亲。10个月后我们结婚时，我们并不是真的了解彼此。

很快我就发现我的新婚丈夫经常酗酒。

婚后第一年我过得非常不快乐。约翰属于高功能酗酒者，这一年他忙着在公司扬名立万。大多数晚上他都工作到很晚，然后出门参加商业聚会，回家的时间不分昼夜，几乎都是醉醺醺的状态。然而，不管喝多少酒，他好像从来不宿醉。他总是按时上班，而且从不缺勤。他的上司对他的酗酒问题一点都不知情。

而另一方面，我知道约翰的问题，感到很痛苦。约翰喝过酒后整个人都变了，他会摇摇晃晃，吵吵嚷嚷，邋里邋遢，说话也变得结结巴巴。待在他身边我感觉很难受。他还因为喝酒出过车祸，去医院急诊室缝合过伤口，所幸只有车严重损坏。我羞于告诉父母和姐妹这些事情。

每次我和约翰抱怨他喝酒喝得太多时，他都否认，说我愚蠢或者说我可笑。可悲的是我相信了他的话。此外，我发现因为酗酒问题而对约翰发脾气，只会让他心怀戒备、感到不自在，结果就是他喝得更凶了。我知道事情很严重，但我不知道要做什么。约翰本身是一个非常出色的男人，他不喝醉的时候我喜欢和他在一起而且也很尊敬他，这让事情变得很棘手。我的不快和未表现出来的愤怒与日俱增，孤独感也越来越强。

我们的儿子和女儿相继出生之后，事情变得相对可以忍受了。岁月如梭，我就像一只在滚轮上奔跑的仓鼠忙得停不下来，因为太忙碌，我也不再总是想着我的困境。表面上，我们看起来像一个正常的家庭，但私下里，我和约翰的关系每况愈下。

我向两位最亲近的女性朋友抱怨约翰时，她们总是表示同情。能够发泄情绪让我感到舒心，但是年复一年和她们在同一片泥沼里打滚，一直都没有让我成长或改变。

结婚23年的时候，约翰的酗酒问题严重到超出了我的想象，但是他还是一如既往地否认自己的病态。我感觉很空虚，不知道自己还能忍受多久。

一天夜里，我醒来，发现自己一边愤怒地啜泣，一边捶打着约翰的胸口。我一直积压的怒气在睡眠中喷涌而出。约翰此时正打着鼾，鼻息中尽是酒气，根本没醒。事后，我安静地躺了很久，眼前的事实是我病了，我被怨恨和绝望压得喘不过气来，但是因为害怕孤身一人，害怕要养活自己，害怕让父母和子女（虽然子女已经长大成人）担心、难过，我什么都做不了。

几个星期后的一天，我的一个朋友告诉我有一个互助小组，里面的人都与酗酒者有近亲的关系。“咱们俩都嫁给了醉汉，一起去吧！”朋友说。我同意了，心情很急切。

“匿名戒酒互助会”（Al-Anon）的活动在教堂举行，我们到教堂之后走进一个房间，房间中央摆放了一圈折叠椅。大家坐定之后，会议开始了。

我立即被大家的坦诚所吸引。每个人似乎都以自己真实的样子被大家接受，我感觉无条件的爱在围坐一圈的人中间流淌，包围了老人和新人。这种感觉像是走进房间取暖，在这次温暖的聚会中我的全身都放松下来。除了自我介绍，我什么都不用说，除非我想说。我坐着专心致志地听大家分享个人经历，这些经历我再熟悉不过了。

我一个星期参加两三次这样的聚会。在聚会中因为人们慷慨的给予，我得到了足够的爱和接纳。在这里听不到任何人的批评或评价，同样重要的是，在这里人们不会让我困在自怜自哀的情绪中。互助小组以一种非常温和的方式帮助我把关注的焦点从约翰和他的行为上转移走，让我去发现扭转生活需要的力量和信心——不管这对我意味着什么。没有人给建议，我只是听人们一个接着一个地讲述自己的经历，这些人曾经也站在我现在的位置，现在他们已经在生活中勇往直前。

每次聚会结束，人们都走到我身边拥抱我，在我耳边轻声说着鼓励的话语。我就像一块海绵，不断吸收所有鼓励。渐渐地，一点一滴地，我感受到了全部。

在家的时候仍然不轻松。约翰醉酒之后，我还是会觉得自己是他酗酒行为的受害者，因他否认自己有任何问题而感到灰心丧气。但是每次发生冲突之后，我不再因为无助而心烦意乱，我和互助小组的成员分享我的经历，离开的时候我关注的只是自己的价值以及如何更近一步找到自己内心的安宁。

找到我的“互助圈”大约一年半之后的一天深夜，约翰凌晨2点回到家里，醉得很厉害。他在我们的卧室里胡乱地四处摸索，高声说话，讨厌至极。

看着这个和我结婚已经二十多年的男人，我内心只有同情和不想与他共处一室的坚定信念。我惊讶于当时自己内心全然的平静。那一刻我不再害怕，现在回想起来我仍然满怀激动。

我声音清晰、语气平和地说：“约翰，我今晚要睡另一间房。”

约翰跟着我进了房间，开始争辩。“咳，得了吧，你这是在做什么？回卧室去。”这是他惯常的否认套路。我直视着他，说道：“约翰，我不回去，我要在这里睡。明天早上见。”我的声音里没有丝毫不安或愤怒，这让约翰和我自己都很意外。约翰离开房间，我上床睡觉，我感觉内心比以往任何时候都强大和快乐。

次日早上，我坐在约翰身旁，对他说：“约翰，我无法继续接受你的行为，我想分居。”听到这里，约翰的脸色变得惨白，和他身上穿的洗过的白衬衫一样白。

我继续说："我今天就搬出去。我需要时间安静一下，想清楚我是谁、我想要什么。"

我想，约翰当时肯定很震惊，因为他只是站起身，说了一句"行"，然后就出门上班去了。

那天，我搬进了一个朋友家，朋友外出度假后房子一直空着。在三个星期的时间里，我很享受独自一人的感觉和刚刚获得的与自己为伴的快乐。即使不是聚会时间，互助小组的人也是我的"支持系统"。如果我开始动摇，我会给互助小组里的某个人打电话，他们会提醒我走了多远，和我分享他们自己的经历、力量和希望。

三个星期过去，约翰打电话给我，出人意料地为我着想，他主动提出搬去朋友的公寓住，让我搬回我们自己的房子。我愉快地接受了约翰的提议，然后我们又过了几个星期各奔东西的生活。最后，我决定找一份工作和一间公寓。这时，约翰打电话来说需要和我谈谈。

见面时约翰问我："莫莉，你想要的是什么呢？"

我已经当着互助小组的面说过很多次这个问题，很清楚自己的答案。我对约翰笑了笑，说："约翰，我知道我爱你、尊敬你，我不想离婚，但是我不愿意继续接受你喝醉酒时的行为。"

约翰沉默片刻，说："我只要知道这些就可以了。"说完，他站起身和我道别。

三天后，约翰打电话过来。我永远不会忘记他那天说过的话。他说:“莫莉，我是酗酒者，我加入了‘匿名戒酒互助会’，我想要回家。”

这已经是三十多年前的事了。

从那天起，约翰没有再喝过一杯酒，我也没有错过一次互助小组的聚会。如今，约翰和我的婚姻已经走过五十余载，未来我们也还有很多岁月要一起度过。我们享受一起的生活——我们各自不同的兴趣爱好和我们非常令人满足的共享时光。我爱并且尊敬我的丈夫，我也能感受到他对我的爱和尊敬。我每天都很感谢生活里那些曾经帮助过我的人们。他们曾经帮助我把目光从约翰和别人身上移开，只专注我自己，专注我的态度和行为，奇迹因此发生了。我找到了自我价值和内心的平静，成为今天这个主动掌握自己命运的人。

除非生病或不在城里，我现在还会参加本地的“匿名戒酒互助会”每周的聚会。我现在从那里得到的无条件的爱和有效的支持和以往一样扣人心弦。作为“匿名戒酒互助会”的老人，我尽力和新人相处，特别是那些害羞、犹豫不定的人。我很清楚第一次走过那扇门需要多大的勇气，所以我尽我所能让他们感到放松自在。我深知这个房间的魔力，也深知互助小组在帮助人们找到生活之路方面的影响力。

* * *

翼下的风

虽然我自己没试过戒酒互助会的十二步戒酒计划，但我知

道这些计划为数百万人提供了极大的帮助。任何能在你遗忘的时候让你想起心灵最深处的真相的团体，都是很珍贵的。我深知这一点，因为多年来我一直是女性互助小组成员，这个互助小组之于我可谓恰逢其时的天赐礼物，让我一直在正轨上寻找真正的快乐。

1987年，我参加了一个改变人生的研讨班，研讨班名为"自我赋权培训"，由出色的治疗师阿里·纳杰菲主讲。课程临近尾声，阿里建议我们成立小组，以便在日后生活中保持赋权的势头不变。霍莉、詹妮弗、桑迪、贾尼斯、卡萝尔和我一起组成了一个非比寻常的互助小组，很快我们就成了一家人。时光荏苒，我们迎来了新成员莱恩和卡米。每个星期我们在不同人的家里聚会，当周的主人负责款待大家。我们先轮流说各自过去一个星期的"胜利"，然后分享接下来一个星期的目标，一共两轮。在希望改变的方面我们寻求支持，同时我们也尽可能鼓励彼此。我们在聚会上说的话都要严格保密，我们会尽可能地给每个人均等的时间，但如果有人遇到危机需要更多时间讨论，我们也会打破规矩。我们一起经历了结婚、生子、离婚等很多事，其中还包括霍莉和我的前男友结婚。当我们必须共同面对互助小组的一位成员意外死亡这个悲剧时，我看到了这些年来我们的关系变得多么紧密。

1月份一个大雪纷飞的下午，桑迪在车祸中身亡。因为桑迪单身，也没有其他关系亲近的亲属，办葬礼的事就落在了我们互助小组头上。结果，我们在这个仪式上不仅颂扬了我们都深爱的这个女人，也颂扬了我们彼此之间的爱和感激。10 年后我搬走了，立即找了另一个女性互助小组加入。这类支持在我的生活中太重要了，只要我做得到我都会去寻得。

支持的重要性和影响力在全世界都是一样的。第 3 章里提到过的扎伊纳布·萨勒比给我讲了一个美丽的故事，恰好说明了这一点。在帮助战争幸存者期间，扎伊纳布曾经在一个很小的村庄里遇到过一群妇女。其中一名饱受悲伤之苦的妇女坦白地说她经常遭到丈夫的殴打。她不想离开丈夫，只希望丈夫不要再殴打她。最糟糕的是，这个女人会因为丈夫的虐待行为责怪自己。另一个妇女拥抱她，陪她一起哭，承认她们都有相同的遭遇。这群妇女决定行动起来。她们告诉经常被丈夫殴打的这个女人，下次她的丈夫再打她时，让她的儿子给大家通风报信。

就在第二天，女人的丈夫又开始殴打她。女人的儿子按照吩咐跑到窗户前对着窗外的女人们大喊："救命！我妈妈需要帮助！"女人们纷纷放下手上的事，戴上头巾，脚穿运动鞋，毅然冲到挨打的女人家将房子围住。她们对这个女人的丈夫喊道："如果你要打她，就要打我们所有人！你也要打我们吗？"这个女人的丈夫又是惊骇又是羞愧，停止了殴打。其他男人在窗口偷看，他们看到女人们是如何团结一心的。从那天起，那个村子的家庭暴力发生率急剧下降。

打造你的快乐梦之队

让自己得到支持可以有很多不同的形式。快乐百人中的南希·弗斯策跟我讲了她独一无二的互助小组，这个互助小组包括阿尔伯特·爱因斯坦、海伦·凯勒、特雷莎修女、甘地、歌德、亚伯拉罕·林肯、老子等古往今来的众多伟人。南希收集了这些伟人的名言贴在家里和办公室，有些放在相框里摆放，有些写在便签纸上，贴在镜子上或者贴在电脑、电话和厨房水槽旁边。无论走到哪里，南希随时都有来自这个梦之队的启示和提醒。这说明得到支持不受时间和空间的限制。

互助小组的价值在于建立团队，团队意味着一起成就更多。这其中的根据是一个古老的原则，即两个或两个以上的人为了共同的目标或目的聚集在一起可以产生更大的力量,更快、更轻松地获得想要的结果。你可以借助下面的练习组织自己的互助小组聚会。

练　习

互助小组聚会形式

1. 找 5~7 个你信任、尊敬的人建立互助小组。确定聚会次数（建议一个月一次或两次）、轮流担任主持的顺序、会上把控时间的人。
2. 聚会开始，由主持人做开场祈祷或分享一段鼓舞人心的名言。

3. 每个人用3~4分钟分享自己在上次聚会之后取得的“胜利”或成绩。
4. 每个人用10~15分钟谈一谈自己的目标或打算，或者向其他成员寻求支持。
5. 每个人陈述自己在下次聚会前为实现目标打算采取的行动（例如：每个星期锻炼3次，每次锻炼30分钟）。
6. 主持人表达谢意，结束聚会。

所有人都要遵守下列指导原则：倾听他人发言，不要插话；避免指责、羞愧、抱怨等受害者行为；只在他人提出请求时提供建议；会上分享的内容要绝对保密。

与人际关系有关的快乐习惯之三：以世界为家

人类的共性多于差异……试着为看起来与你不同的人奉献自己。

你属于每个人，每个人都属于你。

——马娅·安杰卢（Maya Angelou），作家、诗人

采访快乐百人的过程中，我发现他们都以世界为家。爱心、同理心、同情心和关心都是使他们快乐的天然产物，不限于亲

朋好友，而是推及全人类。国籍、种族、宗教都不是障碍，相信快乐无须理由的人认为所有地方的人都和他们一样，所有人都有同样的需要：爱和快乐。因为他们始终觉得自己是世界大家庭的一员，快乐的人养成了随时随地、尽其所能付出的习惯。

快乐百人认为快乐是他们能给予这个世界最好的礼物。我们在第 7 章讲过伊丽莎白·吉尔伯特的故事。在采访她时，她告诉我她写的《美食、祈祷和恋爱》出版后，经常有记者问她："你不觉得通过环游世界来寻找自己的做法有点自私吗？"她总是回答说："你知道吗，我其实认为如果我在自恋、抑郁、焦虑的痛苦中度过余生才是有点自私。这个人她没有为社会、为她走进的房间、为她感动的人贡献过一丝一毫。我可以为这个世界提供的最好的服务是保持健康。"

寻找快乐百人时，我的一位工作伙伴和我谈起了他的朋友哈皮·奥西斯（Happy Oasis，意为"快乐绿洲"）。听到这个人的名字，我很肯定这会是一次非常有趣的采访。哈皮（Happy，意为"快乐"）真的人如其名。在下面这个不同寻常的故事里，哈皮讲述了她二十多年前在亚洲旅行时的经历。这个经历让她懂得以世界为家、通过分享快乐来帮助他人的真正含义。

微笑的男人

我一直都是一个独立自主、随心所欲的人。1983 年读完高中后，我没有如父母所愿去上常春藤大学，而是启程去了澳大利亚。接下来几年，我行遍澳大利亚和东南亚，一边旅行一边赚钱，同时进行我自己的人类学研究。

离开美国时，我是一个天真无邪、备受呵护的18岁少女。我自认为是一个快乐的人，但是回过头看，那是一种无知的快乐。没去一些国家旅行之前，我完全不了解人类所承受的极端的痛苦。

我去了孟加拉国，希望同生活在那里的一群部落居民相处一段时间。抵达该国首都达卡时，我发现那里不但正值雨季，而且很多人正因为大规模饥荒生病、死亡。

一天早上，我在达卡搭乘公共汽车前往孟加拉国更偏远的地区。看了看四周其他乘客，我发现我是车上唯一的西方人，而且还是一个金发碧眼、样貌非常年轻的女子。我试着与当地人打扮相同，尽可能用黑色罩袍裹住头，遮住手臂和腿，但我知道我十分惹人注目，这让我感到有点不自在。

我们离开了达卡市，很快道路两旁就变成了农田和小村庄。大雨已经下了数日，汽车开到某处必须迅速驶离漫水的公路并开到田地里以避免灾难发生。我看到公路被冲垮，附近的小村庄开始涨水。公共汽车停靠的地方很快被洪水包围，成群的人朝着我们这个地势较高、足球场大小的小岛涌来。很快这里就聚集了数百个瘦骨嶙峋的人，他们当中多数是孩子，光着脚、衣衫褴褛，躺在汽车周围的空地上。我惊恐地意识到这些人正濒临死亡，痢疾再加上食物匮乏损害了他们的健康。

很快，除我以外的其他人都下车去一探究竟，或者也可能是去帮忙了。我独自一人坐在车上，不知道我能帮什么忙。我的第一个幼稚的念头是把我腰包里旅行支票上原本要用来支付我之后一两年旅行费用的2000美元兑换成现金给这些人买食物。但我很快意识到没有办法去银行。

然后，我又想到我可以用手上价值150美元的孟加拉货币去食品店给所有人买一顿饭。但是，看看我们这个小岛周围被洪水淹没的简陋村庄和稻田，现实显而易见：哪里都买不到食物。

接下来，我绝望地想：红十字会一定会很快出现，他们必须很快出现。可是，倾盆大雨一直下着，不到一个小时的时间，我只好接受红十字会目前来不了的事实。就我当下对孟加拉国的了解，我怀疑红十字会是否来过。

我开始哭泣，对着自己呜咽。我不是担心自己能不能活命。我背了一个小背包，里面有水和一点食物，还有换洗的衣物。经过一年的旅行，我已经习惯了艰苦的生活。但是我感觉太无助了，我觉得我什么都做不了。

这时，我听到声音，抬头看见一个只围了一条缠腰布的男人上了公共汽车。这个男人骨瘦如柴、身体虚弱，虽然可能只有35岁，但看起来很苍老。他用力扶着公共汽车上的木头座椅，靠着座椅的支撑一瘸一拐地向我这边走来。他走到我身边，盯着我看了一会儿，然后伸出手摸了摸我的头发。通常情况下，我不让陌生男人摸我的头发,但是他的眼睛转移了我的注意力。那是一双很像幽灵或天使的眼睛，像是某个已经不在人世的人的眼睛。男人收回手的时候我注意到了他的手指，或者说是残余的手指。他的手指脱皮、又粗又短，只有普通人手指一半长。我吓得呆住了:这个男人是个麻风病患者。我还没来得及反应，他已经转身，一瘸一拐地下车，消失在车外的人群中。因为受到这次邂逅的惊吓，我沉默地坐着，感觉比之前更无助、更不自在了。

几分钟后,我还在沮丧难过,另一个男人走到公共汽车边，站在窗外向里面盯着我看。这个男人和我在孟加拉国见到的其他人一样，光着脚、衣不蔽体、骨瘦如柴，不同的是他的笑容很灿烂。

这个男人在这样的情况下还在笑，突然让我感到有些恐怖。我流着眼泪没好气地说:“这种情况你怎么还笑得出来？”

出乎我意料的是，男人用非常纯正的英语说:“微笑是我唯一能给你的了，女士。”

这简简单单几个字的力量让我感到震惊。这几个字彻底颠覆了我的世界，改变了我对帮助他人的看法。不等我回应，男人向我打了个手势，说:“来吧，跟我走。”

我下了车，跟着他走进雨里。之后10个小时的时间，我们在田地里走来走去，为奄奄一息躺在地上的人们唱歌，为一个人唱完再为另一个人唱。“微笑男”（我给他起的名字）跪在每个人身旁唱着优美动听、荡气回肠的伊斯兰教圣歌，而我唱的是我参加夏令营时学会的基督教歌曲。

我们的歌声（好吧，多数是“微笑男”的歌声，他在唱歌这方面比我擅长得多）让人们平静下来，似乎也给他们带来安宁。他有时抚摸人们的额头，有时轻拍人们的肩膀，他鼓励我也这样做。当我面前是男人时，我会有些害羞，因为在这个国家，女人不能和没有血缘关系的男人有肢体上的接触，但在当时特殊的情况下似乎没问题。我们就这样，直到那个人看起来感觉好一些为止，例如嘴角露出一丝微笑的弧度或者有某个放松的反应。然后，我们留下他们，让他们独自进入另一个被称为死亡的国度，或者陪在他们身边直到他们离去。时间一小时一小时地过去，我们在田地里走了一圈又一圈，为许许多多人唱歌。

我们小心翼翼地穿过横七竖八的尸体时，我认出在车上摸过我头发的那个患麻风病的人。他躺在地上一动不动，我停下来仔细查看他的情况，他双眼紧闭，似乎与身下的大地融为一体。我心里一惊，意识到他已经死了。我突然感到一阵强烈的悲伤，如果我们早点发现他该多好。在默默地为他祈祷后，我转身离开，追赶“微笑男”的步伐。“微笑男”已经跪在一个小孩身边，开始唱歌。

这一天我和“微笑男”时断时续地交谈。有几次我因为承受不住周围的景象开始哭泣。多数时候他都无视我的眼泪，但有一次他对我说:“我们有理由哭，但我们不哭。你没有什么好哭的，为什么要哭呢？”说这话时他很和善，但是和善当中带着一点点父亲般的严厉。这是他让我打起精神的方式，他好像在说:“镇定些，咱们尽人事吧。”

雨势终于减弱。公共汽车司机吆喝了一声，人们开始上车。我和“微笑男”道别，回到我的座位上。坐在车上等待发车的时候，我知道我很可能不会再见到他了。但不管怎样，他已经成为我心中的英雄。我敬佩他的智慧和头脑。他身无分文，也身无长物，但是他用爱和快乐缓解了数百人的痛苦。我默默地发誓要成为像他一样的人。

自那以后，我把尽可能多的快乐与尽可能多的人分享，并把我遇到的所有人视为家人。即使在美国，在食品店、银行，无论你去哪里，你通常都不知道你遇到的人在经历什么。某个人可能极度消沉、沮丧，只需要你微笑、敞开心扉、伸出手，像“微笑男”一样付出，就真的可以为他带来一些安慰和光明。因为这个原因，我给自己改名为哈皮·奥西斯，意思是成为每一个人的快乐绿洲。一个很棒的附带好处是：不管去哪里，我都将这片绿洲带在心底。这是我如今可以享有极高的快乐水平的基础。

“微笑男”让我明白为他人付出爱既不复杂也不困难。根据我个人的亲身经历我知道，当微笑是你唯一可以给予的东西时，微笑就已经足够。

* * *

联系的力量

微笑是举世公认的友好和关爱的象征。即使是微微一笑，也可能产生巨大的影响。我听卡罗琳·米斯讲过她《力量的隐性行为》（*Invisible Acts of Power*）里的故事，这个故事充分说明了微笑的影响力。故事的主人公是一个年轻男子。因为太过沮丧，他决定返回自己的公寓自杀。他站在街角等着一辆汽车通过，开车的女人径直看向他并给了他一个大大的微笑。这个微笑非常温暖，让年轻男人深信世上仍然有善良存在，于是男人打消了自杀的念头。无论你是谁，无论你身在何处，真诚的微笑可以消除最大的年龄和文化差异，创造出一种联系感。

罗伯特·比斯瓦斯－迪纳因为远赴世界各地偏远地区研究快乐，常常被誉为积极心理学界的“印第安纳·琼斯”。他发现，即使是在世界上最贫困的人群中，联系也是影响快乐的重要因素。比斯瓦斯－迪纳与其父爱德华·迪纳合作共同研究了加尔各答无家可归者和贫民窟居民的生活满意度。研究结果非常有趣。良好的社会关系和健康的家庭关系使得加尔各答的贫民窟居民更加坚韧，能更好地抵抗赤贫的消极影响。

罗伯特把我介绍给了快乐百人成员罗科·贝利克。罗科是一名纪录片导演，他的第一部纪录片《成吉思汗蓝调》（*Genghis Blues*）是与其兄艾德里安·贝利克共同创作的，2000年获奥斯卡金像奖提名，曾斩获多个奖项。罗科目前正在进行的项目是一部关于快乐的电影，名为《快乐革命》（*Happiness Revolution*），为此他去了包括巴西、印度、纳米比亚和日本在内的很多国家，记录世界各地的人们如何体验快乐，或者如何体验不到快乐。根据他在各地游历时的发现，罗科认为归属感对保持健康和快乐至关重要。

罗科在采访中告诉我，他去日本是因为他从很多消息来源得知：虽然日本是一个物质富裕的国家，但在情绪方面做得不是很好。他乘坐东京地铁时惊讶地发现，80% 的通勤者在睡觉或者试图入睡。因为对多数生活在东京的人来说，工作是重中之重，他们工作的时间往往长得吓人，有时一天长达 20 小时。这种为了生产力劳心劳力的做法已经产生了很坏的影响，不但导致人们睡眠不足，而且影响了人与人之间的联系感。

但罗科也听说一些世界上最长寿的人生活在日本，特别是冲绳。有研究显示，快乐的人更长寿，因为熟知这一点，罗科和他的团队离开了东京前往冲绳岛上的一个小村庄，想看一看冲绳人的长寿是否与快乐有关。

在冲绳岛，罗科发现了一处快乐的地方。他在那里遇到的很多人都已过鲐背之年，虽然他们每天在骄阳下耕作，过着我们西方人认为原始的生活，但他们生活中的快乐却是再明显不过的。更引人注目的是，当地很多居民是在第二次世界大战期间冲绳被夷为平地时失去丈夫和孩子的老年妇女。这些妇女没有因为失去亲人而长时间痛苦或悲伤，她们身上流露出的是快乐。

强烈的联系感是关键所在，影响着世世代代的人。每个星期五的晚上，村民们汇聚一堂，翩翩起舞。乐队演奏时，从年幼的孩子到年老的妇人，所有人都跟随传统音乐跳舞。罗科说每个人都玩得很开心，包括十几岁的青少年。美国这个年纪的年轻人太“酷”了，不适合这样的聚会。冲绳人的高度快乐证明社区感对于个体的快乐有极其重要的影响。

如果这种社区感推及到全世界会是怎样一种情况呢？想象一下，与任何地方的任何人在一起，都像和最亲密的朋友或家人出去玩一样，轻松自在。这就是以世界为家的真正含义。美籍巴勒斯坦诗人、散文家内奥米·谢哈布·奈分享了她在美国新墨西哥州阿尔伯克基机场航站楼的一次经历：

得知我乘坐的航班已经滞留了4个小时后，我听到机场广播里说道：“如果4-A登机口附近有人懂阿拉伯语，请速到登机口。”

现在这个年代，人们总会有所迟疑。但因为4-A登机口是我要登机的闸口，所以我去了。一个上了年纪的女人穿着像我祖母一样的巴勒斯坦传统服装瘫倒在地上号啕大哭。

航空服务人员说：“请帮帮忙，问问她出了什么事。我们告诉她，她乘坐的航班要晚4个小时，她就这样了！”

我俯身用一只手搂着这个女人，结结巴巴地问她：“杜阿[一]，

[一] 阿拉伯语dow-a的音译，意为祈求、祈祷。

你想要什么，亲爱的？等……请等一下，你在做什么？”

我的阿拉伯语说得不怎么样，但女人听到我的话之后不哭了。原来她以为我们的航班取消了，她要去得克萨斯州埃尔帕索市，第二天要接受一个重要的治疗。我说:“不，不，我们很好，你会到埃尔帕索市的，只是晚一些。谁来接你？咱们给他打个电话。”

我们给她儿子打了电话，我用英语告诉她儿子，上飞机之前我会陪着他母亲，登机后我会坐在她身旁。等待登机的时候，我们给她的其他几个儿子也打了电话，然后又给我父亲打了电话，我父亲和她讲了一会儿阿拉伯语，发现他们有10个共同的朋友。

而后，纯属为了好玩，我想为什么不给我认识的一些巴勒斯坦诗人打电话，让他们也和她聊聊天呢？打这些电话用了差不多两个钟头。她笑得很开心，这期间她谈论自己的生活，拍我的腿，回答问题。她从包里掏出一袋裹着糖粉的枣泥坚果小饼，发给在登机口的所有女人。

让我大为惊讶的是，没有一个人拒绝，仿佛这是圣餐礼。来自阿根廷的游客、来自加利福尼亚的妈妈、来自得克萨斯州拉雷多市的可爱女人，我们身上都沾着同样的糖粉，开心地笑着。没有比这更美味的糕饼了。

再然后，航空公司从巨大的冷藏箱里拿出了免费饮料，乘坐我们航班的两个分别为非洲裔和墨西哥裔的美国小女孩跑来跑去，给我们倒苹果汁和柠檬汁。这两个小女孩身上也沾着糖粉。

我和我新结交的好朋友牵着手，看到她包里露出一个盆栽，是某种药用植物，绿色的叶片上长有绒毛。这是古老的旅行传统，带一棵植物，植根于某处。

看着登机口周围这些晚点、疲累的乘客，我心想，这是我想要生活的世界，一个共享的世界。之前的混乱和吵闹已经停止，现在登机口这里，似乎没有一个人在为其他人担忧。他们拿着小糕饼。我也想拥抱在场的每一个女人。

这样的事可以在任何地方发生。并不是所有的东西都遗失了。

练　习

世界是我家

用一天时间和你遇到的每一个人相处，仿佛这个人是你的母亲、孩子或最爱的亲人。在工作、购物、参加团体活动、办事的时候与人相处，让人们感觉他们是重要的，是被爱的，是受重视、受尊敬、受认可的。把这种做法当作一个积极的选择，目的是为世界增加一些美好。一天结束后，看看自己的感受如何。在关爱他人中度过一天，你可能会得到意外的好处，你有多希望别人快乐、安宁，你自己也会感觉多快乐、安宁。

love

小结和快乐行动步骤

培养滋养型人际关系就是让情绪感染为自己所用、让自己得到支持、以世界为家。这是在建造快乐家园的美丽花园。遵循以下行动步骤，养成与人际关系有关的快乐习惯。

1. 利用内心的定位系统识别给你带来滋养或带来毒害的人际关系，也就是你花园里的“玫瑰”和“杂草”。
2. 当你需要与带给你消极情绪的有毒之人交往时，使用可以增强情绪免疫的方法。
3. 每日做欣赏练习，坚持一个星期。
4. 在适当的时候，尝试可以帮你解决某个状况的计划。
5. 建立一个互助小组，制定定期聚会的时间表。
6. 以世界为家，专注你与他人的共性而不是差异，以仁爱之心对待遇到的每一个人。

03

第 3 部分

此后永远快乐

第10章

快乐无须理由的人生计划

只有在日常生活中，才有可能“从此快乐地生活”。

——玛格丽特·博纳诺（Margaret Bonnano），作家

现在你知道“从此快乐地生活”并不是只有童话故事里才有，也不是只有少数幸运的人才可以有。从一些令人信服的研究和真正快乐的人的经历中，甚至通过尝试本书中的一些练习，你就会知道，当你实践过本书中提及的21个快乐习惯，你也可以加入快乐百人的行列，体验到内心的平静和幸福，这也会成为你生活中其他一切的底色。

接下来，我们总结一下构筑内心快乐家园需要的7个步骤，以及每个步骤需要去养成的习惯。

快乐习惯

快乐家园的基石——掌握自己的快乐

1. 专注解决办法：为了变得更加自主，你要依靠已经产生满意结果的那部分去改善生活中的任何状况。
2. 寻找教训和收获：从每件事中发现教训和收获，不要指责他人或者找借口。
3. 与自己和解：接纳过去，勇往直前，减轻压力和负担。

快乐家园的思想支柱——不要全盘相信自己的想法

4. 质疑自己的想法：检视自己的信念，确定大脑告诉你的是否是事实。
5. 越过大脑，放下消极想法：让自己从消极的想法和情感中解放出来。
6. 让大脑倾向快乐：接纳让自己感觉更快乐的想法。

快乐家园的心支柱——让爱引领

7. 专注感恩：把注意力放在你欣赏的事情上，增加心脏的能量。
8. 练习宽恕：放下对他人的愤恨和愤怒，让自己的内心解脱。
9. 传播仁爱：向你遇到的每一个人散播爱和美好的祝愿。

快乐家园的身体支柱——让细胞快乐起来

10. 滋养身体：通过适当的营养补充来保持大脑和身体的化学平衡。
11. 给身体增添能量：借助运动、呼吸、适当的休息来增加身体的能量。
12. 倾听身体的智慧：爱护、尊重你的身体，倾听身体的需要。

快乐家园的精神支柱——与内在的自我连接

13. 与更高的自我连接：通过祈祷、冥想、置身大自然找到内在的安宁，体验与更高力量的关系。
14. 倾听内在的声音：建立与内在的自我的连接，让它指引你的生活。
15. 相信生活的展现：感恩生活，让自己置身生命的流动。

快乐家园的屋顶——让目标感召生活

16. 发现自己的热情：发现对自己来说真正重要的东西，与那些可以点燃你内心激情的事保持一致。
17. 跟随当下的感召：专注你想要的，接受感召的指引，静待事情的发展。
18. 为比自己更重要的事贡献力量：回应内心的召唤，为他人服务。

快乐家园的花园——培养滋养型人际关系

19. 照管人际关系：欣赏你生活中的人，借助情绪感染增进彼此的快乐。
20. 让自己得到支持：建立支持体系，从而帮助你集中注意力过最好的生活。
21. 以世界为家：感受爱以及与所有人的联系。

要让快乐习惯成为第二天性，你需要不断练习。要在大脑中建立让你获得更高快乐水平的神经通路，你需要时间和不断地重复练习。以下是帮助你养成快乐习惯的一些窍门：

1. 记住三条指导原则（参见第 2 章）。
2. 小步前进：克服对改变的抵触。
3. 建立支持体系：快乐喜欢结伴。

记住三条指导原则

应用指导原则一，即让你能量倍增的事物可以使你更开心。具体做法是利用内心的定位系统为日常生活中的选择提供信息。

遵循指导原则二，即宇宙友善，给你支持。具体做法是在任何必要的时候问一问自己："如果此刻发生的事有更高的目标，这个目标是什么？"

使用指导原则三，即你欣赏的会增值。具体做法是利用第

2 章中提到的“秘方”：目标、关注、放松。

目标：让快乐无须理由这个目标在意识中保持清晰和活力。把你写下来的快乐无须理由这个目标放在你可以经常看到的地方。

关注：经常关注快乐习惯的养成，遵循每章结尾旨在帮你实践快乐习惯的快乐行动步骤，保持势头不变。

放松：你想要的平静、快乐的状态已经存在于你的内心。放松，放手，相信一切都在慢慢呈现。

以上这个过程类似于种花：先种植（目标），接着浇水施肥（关注），然后休息（放松），知道过一段时间就可以看到花开。此时，你可以放手了——过程已在进行之中。

小步前进：克服对改变的抵触

要取得最快的进步，不必大步跨越，你只需要一小步一小步地持续前进。在日本，人们称这种方式为 kaizen，字面意思是“持续改善”，即通过小而持续的进步取得大而持久的成功。事实证明，缓慢和持续是克服对改变的抵触的最佳方法。

大多数人都抵触改变，即使这个改变对我们有益。正因如此，很多人把健身脚踏车搁置在车库里，很少使用自己的健身卡，成箱的低碳水化合物和低热量、低脂罐装减肥奶昔被丢在食品储藏室积满灰尘。对改变的抵触植根于我们的生理。我们的大脑即使不是对改变有十足的恐惧，也常常对其持怀疑态度。

想克服这种抵触，就要在大脑的“恐惧雷达”下保持小的、缓慢的改变。如果你设定的目标容易实现，大脑的“恐惧雷达”就不会启动。

此外，在你持续小步前进的过程中，大脑开始建立新的神经通路，支持每一个新的快乐习惯。新习惯很快就被固定下来，你发现自己可以轻松而且无意识地做一些自己想要做的事。

建立支持体系：快乐喜欢结伴

如果想让这个过程更轻松、愉快，你可以邀请其他人加入，争取教练、导师、朋友的支持。和其他人一起实践快乐习惯可以帮助我们拥有更深层次的快乐。

心理学家威廉·葛拉瑟博士写过《每个学生都能成功》（*Every Student Can Succeed*）等多部著作，他花了数年时间研究人们是如何学习的。在详细阐明20世纪教育家爱德加·戴尔的理论时，他说道：

我们学会：

我们读到的10%。

我们听到的20%。

我们看到的30%。

我们看到和听到的50%。

我们与其他人讨论的70%。

我们亲身经历的80%。

我们教别人的 95%。

换言之，与其他人讨论从本书中学到的知识可以让阅读本书的效果提高 7 倍。以下是从其他人那里获得支持的好方法：

1. 找一个快乐伙伴： 与运动伙伴一样，和你一同实践快乐习惯的人可以让你不脱离正轨。当有另一个人为你鼓劲、依靠你的帮助保持专注时，这会让你的快乐无须理由的目标成为生活中的头等大事。此外，无论做何事，有伙伴一起都会更有趣。

2. 建立快乐互助小组： 建立快乐习惯互助小组，定期聚会，互相提建议，互相倾听，互相鼓励，共同提升幸福设定点，形成伙伴效应。聚会可以是线下或线上的，也可以通过电话进行。每次聚会可以用不同的习惯作为主题。互助小组的其他成员会关注你的快乐无须理由的目标，让目标的影响力呈指数增长。我可以预想，每次聚会结束时，你都会感觉精神振奋，也会因为发现和你有相同快乐目标的同行者感到幸运。

3. 咨询快乐人生教练： 很多人都有人生教练，他们发现人生教练在帮助自己实现目标方面很有用。联系受过专门培训的快乐无须理由的人生教练，让教练指导你提高幸福设定点。

4. 寻找快乐导师： 我把快乐百人看成是我的快乐导师，知晓他们对我的生活的重要影响。围绕在已经体验到深层次内心快乐的人身边，可以帮助你更快、更轻松地构筑自己的快乐家园。在一些文化里，“与智者为伍”被视为提升快乐的有效举措之一。

世界就是你的样子

世界在你看来是什么样子取决于你透过什么颜色的眼镜去看它。当你快乐的时候，你看到的一切都充满快乐；当你不快乐的时候，你会发现不快乐无处不在。下面这个寓言故事巧妙地说明了这一点，我很喜欢。

很久以前，在一个遥远的村庄里，有一个栋房子被称作“千镜屋”。一只快乐的小狗听闻，决定去参观。来到“千镜屋”，小狗开心地跳上台阶，来到房子门口。它耳朵高高竖起，尾巴快速地摇摆，向屋内望去。令它吃惊的是，它看到 1000 只快乐的小狗，尾巴摇得和它一样快。小狗露出灿烂的笑容，回应它的是 1000 个同样温暖、友好的灿烂笑容。离开“千镜屋”，小狗心中暗想：“这个地方真美好，我以后得常来。”

在同一个村庄，还有另一只小狗。这只小狗不似第一只小狗快乐，也想去“千镜屋”看一看。它慢慢爬上台阶，低垂着头向屋内望去，看到 1000 只小狗回瞪着它，面露不善。见状，它冲着这 1000 只小狗狂吠，结果惊骇地看到 1000 只小狗也冲着它狂吠。小狗离开时心中暗想：“这个地方太恐怖，我以后再也不来了。”

世界上每一个人都是你的镜子。你快乐时，世界也会把这份快乐反射给你。

成为快乐革命的一部分

在构筑快乐家园的过程中，你不难找到其他人共同参与——一场快乐革命正在进行。快乐随处可见，在报刊上，在书籍和电视里。甚至一些广告活动和巨型广告牌都在标榜“勇于快乐”这类广告语。越来越多的人想去寻找如何在现在的生活中做到真正快乐的答案。我最近从文章中读到，快乐之于今日就像是自尊之于20世纪90年代，自我实现之于20世纪70年代。这是一件好事，因为关注快乐的人越多，为每个人创造的快乐动力就越强。

要让地球上的快乐水平发生根本性的转变，不必让整个世界都快乐。有大量研究表明，即使只有1%的人经常一起冥想，体验更多的平静、幸福和身心一致，也可以对整个社会产生影响，减少犯罪率、事故数量、暴力行为和疾病的发生。

学会快乐让你置身于快乐革命的前沿，是为世界做贡献的一种强有力的方式。学会快乐的你会像一座灯塔，照亮你自己和身边所有人的人生。中国一句古话很好地表达了这一观点，现在仍然适用：心正而后身修，身修而后家齐，家齐而后国治，国治而后天下平。

若心灵里有亮光，人心中就有美。

若人心中有美，家庭就和谐。

若家庭和谐，国家就有秩序。

若国家有秩序，世界就有和平。

快乐无须理由——我们的个人满足感

我在本书的前言部分提到过，能够写这本书是我和卡萝尔的幸运。花时间采访快乐百人，全神贯注地投入快乐话题，让我们二人变得更快乐、更健康、更和善，至少在我们的配偶看来是如此。快乐无须理由这个视角贯穿于我们与人的交往中，贯穿于我们对周围世界的感知——一切的一切。我惊讶于快乐无须理由这简简单单几个字的无穷力量，它们让我感到鼓舞和振奋，提醒着我：快乐已经存在于我的内心。

这一点在我最近打电话订购台灯的交谈过程中得到了证实。电话另一端的女性工作人员处理我的订购信息时，我们谈论起快乐这个话题。我和她提起本书，她立刻变得兴致勃勃。她说："快乐无须理由，我喜欢！有时候，我感到快乐，却不知为何快乐，我一直不知道要怎么形容。快乐无须理由这个说法再贴切不过了。"第二天，我意外地收到了这位女士的电子邮件，邮件里包含了下面这段话：

和你交谈之后，在我结束一天的工作开车回家的路上，我脑海中一直回响着"快乐无须理由"这几个字。我不禁微笑，回家的路途中一直在微笑。

快乐无须理由的连锁反应还在继续：阅读她的电子邮件时，我也绽放了笑容。

发自内心地快乐，这个想法卡萝尔酝酿了多年。当我想到《学会快乐》这个书名，并且告诉卡萝尔时，她立刻表示同意，称这个书名很好地描述了一种超越一般快乐的状态。

第二天，卡萝尔打电话给我，兴奋地告诉我她最近在翻阅以前的一些日记，看到了她1984年写的一首歌的歌词。她本来已经完全忘记这首歌,但是当她那天再次读这首歌的歌词时，她起了一身鸡皮疙瘩。当卡萝尔告诉我歌词内容时，我也因为前后这两件事的同步性大吃一惊。

开着我的车，路面黄线闪过，
纽约的冬天，纽约的天空。
没有什么特殊原因，
我突然快乐起来，人可以拥有的最大快乐。

热肥皂水，清洗碗碟，
凝望着白云，许愿。
没有什么特殊原因，
我突然快乐起来，人可以拥有的最大快乐。

内心的快乐像玫瑰般盛开，
甜蜜和温暖在心中流淌。
没有什么特殊原因，

我突然快乐起来，人可以拥有的最大快乐。

联想到《阴阳魔界》的主题曲：嘟嘟—嘟嘟，嘟嘟—嘟嘟。我们大笑起来，彼此都知道合写这本书绝非偶然！

写本书完全颠覆了卡萝尔的生活。她说，虽然以前她也自认为是非常快乐的人，但是书中涉及的知识让她每天获得的平静和快乐达到了新的水平，这种平静和快乐是她以往只能短暂体会的。她有了更多信心，知道无论发生何事，她都有一个装满快乐习惯的工具箱，可以帮助她找回通往内心快乐的路。

对我而言，写本书是在实现我童年的渴望：找到内心深处的快乐，与人分享。构筑快乐家园这个过程消除了多年来让我不堪重负的焦虑和空虚。在生活中我逐渐地、更多地体验到了无须理由的快乐，心中无比感激。

父亲是我最早的快乐无须理由的榜样，也是我写本书灵感的来源。在他最后的日子里，他给了我最后一份礼物。

父亲 91 岁生日那天，我们全家人在家里共进晚餐，为他庆祝。那是父亲的最后一餐，也是父亲最后一次起身活动，一周之后他就安详地离世了。虽然当时我们并没有意识到，生日那晚他特意一个接着一个把我们三个孩子领到他名为“生命之树”的刺绣作品前的用意。这个作品是他最后的杰作，现在挂在客厅墙上。

父亲慈爱地微笑着，指着镶在相框里的刺绣，我知道他想要传达一些重要的信息。他当时几乎不能说话，但现在我相信他最后那个姿势是想对我说："你是这棵生命之树的下一代，我希望你把我的生命信息传下去。我生活得非常快乐。请你那样快乐地生活，也帮助别人快乐地生活。"

本书就是在传递我父亲的信息。

我最深切的渴望是，在我们各自的生活中，每个人心中都充满光明、爱和快乐，以此创造一个和平的世界。

祝愿所有人快乐无须理由！

作者介绍

玛萨·席莫芙

玛萨·席莫芙是著名的变革型领导、快乐学专家，曾经以生活包含无限可能这一信息鼓舞了世界各地数以百万的人。玛萨是美国优秀的励志专家和一流的职业演说家。她为不同的受众和组织开设课程，其中包括多家《财富》世界500强公司。20多年里，她因分享实现个人成就和职业成功的突破性方法而广受赞誉。

玛萨还是非文学类畅销书作家，其参与创作的“心灵鸡汤”系列是历史上成功的励志自助类图书，读者人数超过1.5亿。玛萨与别人合写了6本畅销的《心灵鸡汤》，包括《心灵鸡汤：女人心语》和《给母亲的心灵鸡汤》（*Chicken Soup for the Mother's Soul*）。她写的《心灵鸡汤》被译成32国语言，世界销量超过1300万册，曾在《纽约时报》畅销书排行榜上登榜108周，其中4本曾位居排行榜榜首达12周。她写的《心灵鸡汤》还登上过《今日美国》（*USA Today*）和《出版人周刊》(*Publishers Weekly*) 的畅销书排行榜。

此外，玛萨还以导师身份出现在了电影及其同名畅销书

《秘密》中，就创造持久成功和满足感的重要原则发表真知灼见。作为广受欢迎和颇具魅力的媒体人物，玛萨参加过 500 多个全国和地方电视台和广播电台的节目，接受过北美各地 100 多家报纸的采访。她的研究成果被刊登在多本美国女性杂志上，其中包括《家庭妇女期刊》（*Ladies' Home Journal*）和《女性世界》（*Woman's World*）。

玛萨是自尊集团公司的联合创始人和总裁，常就自我赋权、巅峰表现等话题，为公司、妇女协会、专业组织和非营利组织做主题发言或开设研讨班。玛萨获得了美国加利福尼亚大学洛杉矶分校的工商管理硕士学位，完成了为期一年的高级证书课程，成为压力管理顾问。

玛萨是变革型领导力委员会的创始成员，也是其执行委员会成员。她的愿景和生活目标是帮助人们过更加自主、充满快乐的生活，也一直致力于实现这一愿景和人生目标。

卡萝尔·克兰

卡萝尔·克兰与别人合写了 5 本《心灵鸡汤》，总销售量超过 500 万册，其中包括《给爱狗者的心灵鸡汤》（*Chicken Soup for the Dog Lover's Soul*）、《给爱猫者的心灵鸡汤》（*Chicken Soup for the Cat Lover's Soul*）、《给母亲的心灵鸡汤 2》（*Chicken Soup for the Mother's Soul 2*）。《给母亲的心灵鸡汤 2》曾在《纽约时报》畅销书排行榜上位居榜首。2006 年，卡萝尔与杰克·坎菲尔德和盖伊·亨德里克斯合写了《必读这本书》（*You've Got to Read This Book*）。

卡萝尔拥有文学学士学位，1980年后从事自由撰稿人和编辑工作，专门进行叙事性纪实作品和励志自助类书籍的写作。为报纸、杂志和会员刊物撰稿，除与别人合写了5本《心灵鸡汤》外，也为该系列丛书做编辑工作。

此外，卡萝尔还是演说家、自尊引导员和动物权益保护者。1975年以来，她一直为公众讲授压力管理系统。目前，她正在进行多个不同主题的写作项目。